北森嘉蔵伝

―その生涯と思想―

丸山久美子 著

教友社

献辞

北森嘉蔵先生、生誕百年を記念して
本書を先生の御霊に捧げる

1982 年　牧師室にて

はじめに

早熟の天才は多くの場合短命である。何らかの事情や病気で惜しくも早世した彼らが長く生きて花開くならば、多くの実り豊かな実を結び、その成果は世界の隅々まで浸透し、後世の人たちへ何がしかの恩恵を与えたであろうと惜しまれる。

私の知る限り、フランスの天才数学者ガロアは二一歳で抽象代数学の中でも難解な「群論」を生み出したが、早熟の青年が陥る恋によって女性の名誉を守るために決闘して果てたといわれる。

それに反して早熟の天才が長命であったとしたらどうだろうか。イギリスの物理学者ニュートンは二二歳の時に「万有引力の法則」を世に出した科学者であるが、二六歳でケンブリッジ大学の教授となった早熟の天才である。彼は八五歳まで長生きしたが、その間の苛烈な理論上の論争やデータ改竄事件、中年になってからの錬金術、オカルティズムへの没頭、彼独自の神学に嵌って精神に異常をきたしたことなどの史実を知れば、その人生は悲惨である。彼はひっそりと広大な家に献身的な妹に看取られながら孤独の果てに昇天した。イギリス・ロンドンのウェストミンスター寺院に葬られたニュートンの墓碑銘には「神は言われた。『ニュートン出でよ』、するとすべてが明るくなった」と書かれている。これはイギリスの著名な詩人A・ホープの二行詩からとられている。

自然とその法則は夜の闇のうちに身を潜めていたり
ニュートン出でよ！　と神宣えば、万物現れた

一七五五年に建立されたケンブリッジ大学のトリニティ・カレッジのニュートン記念碑には以下のような簡潔なルクレティウスから引用された文章が刻まれている。

その天才人類を超えたり（Qui genus humanum ingenio superavit）

この種の例はさまざまな分野で多く見られるが、今、ここで書き記すのは日本の早熟な天才神学者の特異な人生である。

北森嘉蔵は旧制第五高等学校に入学した折、マルチン・ルターを日本に初めて紹介した佐藤繁彦（日本ルーテル神学専門学校教授）の書物に目を開かれ、第五高等学校卒業と同時に彼の在職する日本ルーテル神学専門学校に入学した。入学時に佐藤教授は逝去してしまい、佐藤教授から直接指導にあずからなかったが、その後四年間神学校で学んだ。

ルーテル神学校に提出した卒業論文「キリストにおける神の認識」は二一歳の時で、すでに北森神学の特徴を表す関係概念「神の痛み」は構築されていた。佐藤繁彦教授不在のまま彼は神学校でキリスト

教を本格的に学び、二〇歳の時にニーグレンの『アガペーとエロス』を読みふけるうちに、彼の主張するアガペーの愛に飽き足らず独自に十字架の愛を「神の痛みに基礎づけられし愛」と定義づけ、後に「神の痛みの神学」を旧約聖書のイザヤ書、エレミヤ書の聖句を読み解き論証した。北森神学は日本人独特の文化を加味しながら、西洋流ではない日本独自の神学を生み出したユニークなキリスト教神学である。

敗戦後の日本では妙に日本的なものを忌み嫌う傾向が強く、無意識のうちに神学者はこぞって西洋神学を唯一の経典であるかのごとくに信奉した。そのようにして、西洋から移入された神学を学んでいた日本の神学者たちは、北森の特異な日本文化に根差した神学に違和感を覚えていた。彼は周辺からさまざまの圧力を加えられ、耐え難い苦難を背負いながら、それでもなお自分の信念を変えることなく八二歳までの長きにわたって、「神の痛みの神学」に殉じた。

皮肉なことに、彼の著した『神の痛みの神学』は戦後の混乱期に多くの人たちの自己実存の礎を確かなものにするために役立ち、ついにベストセラーとなった。神学書がベストセラーになるということ自体が奇異なことに映るが、それだけ戦後の日本人の精神、霊性は飢餓状態にあったと言えるだろう。彼の生涯は「門の外」にあり、異邦人のように流れゆく雲を見つめながら、自分の生涯を「神の痛みの愛」に捧げたのであった。

今日、世界規模で発生している危機意識、精神の破たん状態にあり、多くの青年たちは未来に不安を抱き、生きることの意味を見つけ出せずにいる。

しかも、二〇一一年三月一一日の東北地方を襲った自然災害、地震、津波は多く人たちの命を奪い、津波災害が原子力発電所にもおよび放射能汚染によって周辺の人たちの居住地を奪った。この問題は世界中に波及してドイツとイタリアでは原発廃止を決定して、この危険な発電手段と決別することを選択した。

敗戦後、日本は先行きの見えない混沌とした状況の中で、何を信じ前途にどんな希望を持つべきか、その指針を喪失していた。その時、人々の目は北森嘉蔵の「神の痛みの神学」に注がれた。

それまで彼らはこのようなキリスト教神学があることを知らなかった。主に、知的階層にとどまるかのように思えたキリスト教が一般庶民の手に渡り、一躍戦後のベストセラーとなった事情はこんなところにある。彼らの多くがキリストの十字架の痛みをわが身の痛みに照らして共感し、北森嘉蔵の「神の痛み」という関係概念を咀嚼し、多くの人々がキリスト者となった現実を私たちは忘れてはいけない。

今年は北森嘉蔵生誕百年目にあたる。この年はさまざまな意味で日本のかじ取りが迫られ、混沌とした世界の立て直しが図られる年である。人々が先行きに不安を抱くときに、再度、北森嘉蔵の『神の痛みの神学』が魂の救済の書として手元に置かれることを切に願う。

「神の痛み」とはいったい何を意味するのか、いかにしてそのような関係概念が生み出され、彼の内に展開していったのだろう。

この点に注目しながら、神学者北森嘉蔵の生涯とその思想を辿ってみたい。

二〇一六年二月一日

目次——北森嘉蔵伝

第三章　京都帝国大学時代……65

第一章　北森神学誕生の軌跡

一　幼年期の記憶

北森嘉蔵は一九一六年、まだ春浅い二月一日に九州の熊本県熊本市西区に北森家の一人息子として生を受けた。彼の家は熊本市の西端に位置しており、付近には花岡山があった。花岡山は日本のキリスト教の三大発祥地の一つであり、この山の麓に育った彼の人生はすでにして当初より何らかの意味で啓示を受けていたのかもしれない(1)。

それまで、彼は熊本バンド（花岡山バンドともいわれる）の何たるかも知らず、いわんやキリスト教の何たるかも知らず、幼いころ、北森家の檀家であった浄土真宗の寺へ、熱心な信者であった祖母の手に引かれて通った。「われらは仏の子どもなり。苦しいときも悲しいときも御親の袖にすがりならん」という子どもたちの歌声を耳にし、祖母のそばに座って大人たちの会話を漠然と聞きながら育った。彼の宗教体験はこの時点から始まる。仏様は親であり何か事があればその袖にすがると、たちまち問題が解決するのだ。寺の住職の語る内容も極めて明瞭で勧善懲悪の思想が徹底しており、良い子にしていれば必ず幸せになるという寓話をわかりやすく話してくれた。しかし、子どもには大人がお数珠で唱和するその光景は何か異様な風景に映った。幼心にも阿弥陀如来の慈悲を甘受しているはずの多くの信者たちの日常生活の中に、その信条が一つも生かされていないことがわかるのだった。寺に集まる老若男女は茶飲み友達感覚で習慣的に集まってくる。近所隣りの茶飲み友達の団欒の場が、寺の中にあったということだけであると思った。だが、寺の中の金襴緞子の華麗な色調に染められた屏風や大広間を仕切る襖の色調は鮮明に彼の記憶にとどまり続けた。

この風景は彼の心に深く刻まれた。日本の文化を象る「歌舞伎」や「日本舞踊」「長唄・箏曲」「茶道・生け花」に対する興味関心は、後の彼が神学を語る時に随所にみられた。演歌がはやりだすと、彼は数名のカラオケを好む教会の信徒たちと街中に繰り出して、日本の演歌をカラオケで楽しんだ。彼は谷村新司の「昴」を好み、この歌は後世長く人々に歌われるであろうと言った。これらの日本文化は北森神学の原風景と重なっている。

寺の外にはキリスト教の教会の尖塔が聳え立ち、それは寺院の形態とは全く異なっていた。西洋の何たるかも知らない彼の目には、いかにもよそよそしく外国人の溜り場のように見えた。教会堂を出入りすることさえためらわせるものがあり、彼の傍に一人もキリスト者が存在しなかったことからなおのこと、教会は異国の神をまつる場として存在し、そこに集う人間は一種異様なものにしか映らなかった。同じ日本人でありながら同類意識など全く湧かなかった。教会の外観が日本の建造物と全く異なることから、教会堂に親しみを感ずることができなかった。その中でなにが行われているのかも知らなかったし、彼らが日本人と異なる人間にしか見えなかった。彼の想像の中に作られたキリスト者ほど特異な人種はいない。彼らは周辺にいる他の人たちと親しく交わることがなく、なぜか人目に触れることを避けるようにひっそりと教会堂の中に消えてゆくだけであった。

二　熊本県立中学校と第五高等学校

一九二八年（昭和三年）、彼は熊本県立熊本中学校に入学した。この中学校は思春期にある子どもたちの魂を完全に束縛する、いわゆる「詰め込み教育」の典型として知られる受験校であった。第五高等学校を目指して進学することのできる極く少数の優等生だけが優遇されるという仕組みで、勉強について行けない少年たちは文句なく脱落した。そのような競争社会のただなかでは、人間教育が不足していたので「自分さえよければ」というエゴイズムの典型的な人間として、彼はこの時代を過ごした。何よりも成績次第であるから、たとえ性格的に問題があったとしても誰も文句を言う人はいなかったし、教師も大目に見て成績の上昇だけを促した。彼が後に罪責感を覚えるに至ったのも、この時代に培われた自分の中に存在するエゴイズムに気づいたからに他ならない。この時代に形成される内的心情などは無視され、ただ他人に負けまいとする対抗意識だけがのさばり、少しでも多くの漢字や英語、数式を覚えることだけが重要だった。この中学生活は四年間続いた。

中学四年生の時に世相は騒がしく満州事変が勃発し、暗雲が日本国を戦争へと駆り立てていくような危機の予感があった。

彼は言語学に興味関心があったので、第五高等学校文科を志望し入学が決定した。中学時代の彼の同級生には木下順二（後に劇作家）がいた。彼らは同時に第五高等学校に入学し、木下順二はその後東京帝国大学に入学して明治大学の教授となった。

中学も終わるころ、母アイはキリスト教の求道者となった。彼も何とはなく母に追随して当時石松量蔵牧師が牧会する熊本ルーテル教会に顔を出していた。母がなぜキリスト教の求道者となったかは、それまでの家庭環境が変わったせいであろうがその理由は詳らかではない。

熊本大学五高記念館

五高入学（1931）
当時の北森嘉蔵

五高時代　北森嘉蔵（右）、中津義典（左）

五高に入学したころの日本国では一部の愛国者たちが満州事変などで軍隊に入隊した人もいただろうが、彼の周辺にそのような人は存在しなかった。彼はやっと青春を取り戻したような解放感を味わい、当時、藤山一郎の歌う「丘を越えて」に感銘し、西洋映画ではルネ・クレールの「自由をわれらに」やスタンバーグの「モロッコ」に感動した。受験勉強から解放された時点で彼の読書傾向も相当変わってきた。当時を回想して彼は次のように『神学的自伝Ⅰ』（一九六〇）で語っている。

中学時代に若芽のまま硬化しかかろうとしていた私の精神にも、高校生活は春の息吹をもたらしてくれた。私はここで初めて青春というものを知った。私にとって青春は単なる自然現象ではなく戦い取られるべきもの、自覚的感謝を持って受け取られるべきものであった。このような青春の自覚は、おそらくは数年の後に全く青春を奪われてしまわねばならぬ軍国主義の到来を無意識的に予感して、生まれてきたのかもしれない。前も後ろも青春の喪失に脅かされて、わずかこの数年間が青春の謳歌された時代であった。

だが、この青春の謳歌もつかの間にすぎず、青春につきものの「自己の存在証明」という「実存的懊悩」が彼に襲いかかったのである。自分の生活それ自体は全て偶然から成り立っている、生まれてきたのも偶然であろうし、今ここで青春を謳歌している自分も単なる偶然の産物であり、このまま死んでゆくのも偶然にすぎないのではないかという恐怖である。誰も自分を保証してくれる者はいない、生きてゆくのも偶然、死ぬのも偶然、自分は一体どこからきたのか、どこへゆくのか、すべてが偶然であり彷の前にはぽっかりと穴の開いた虚無の暗闇だけが存在する。このような実存的苦悩が押し寄せると青年はその場に立ち止り、苦悶し、何としてもこの苦しみから逃れようとあがく。多くの場合、青年は哲学や宗教にその回答を見つけようとする。それでも回答を見つけることができなければこの虚無に打ち勝つために不可知の世界をさまよい、ついには自死を遂げる。青年の自殺率が高いのは青年期のこの種の実存的懊悩のなせる業である。彼もまた同じような苦しみの最中で、初めて聖書を手にすることになる。それは当時、熊本で一番大きいデパート「千徳」の前にあった古本屋の店頭で十銭で売り出されていた黒い紙表紙の袖珍版の新約聖書であった。この聖書はイギリスの篤志家の夫人が日本人のために無料で提供したものであると断り書きがついていた。本来無料であるにもかかわらず古本屋は十銭で販売していたのだ。

どんどん読み進んでも何ほどの感動もなかったが、マタイによる福音書一〇章三〇節「汝らの頭の髪の毛までもみな数えられている」という個所に目が留まり、さらに二六章の三九節「私の意のままにとはあらず、御意のままに為し給え」とゲツセマネでイエスが祈る言葉に虚を突かれた。このイエスの言葉こそどこに生まれるか、どこに行くのか全くの偶然であるとする考えに応える意味が含まれていた。自分が生まれてきたのも、死んでゆくのもその背後に絶えず自分を見守り導く「御意」があった。それを「神」というのなら自分はその神を求めていたのではないか、この神の「御意」を摂理と呼ぶならばこの摂理こそ自分を救う賜物ではないかと彼は得心した。この間の事情を彼は第五高等学校の雑誌『竜南』第二二五号に「宗教雑感」という小文を投稿し入選し掲載された。以下にその一部を記そう。

「生活」という言葉を、「摂理の示顕」と直ちに置き換えることが出来るようになれば、それはすなわち宗教だと思う。すなわち宗教とは、自己が完全に至高者の所有となることである。「我がこころをなさんとにはあらず、御旨のままになし給え」。これでよいのである。真の宗教はこれ以下でもなく、これ以上でもありえない。ここに達して獲られる平安のみが、人間の求め得る真の平安である。ここでは最早、生活は単なる偶然性の連続等ではなくなるから。

かくして彼はとりあえず心の平安を取り戻した。だが、キリスト者になろうという覚悟がなかった。石森牧師はそれとなく彼を見守り続け辛抱強く彼がキリスト者になることを祈っていた。彼はまだ受洗するきっかけをつかめなかった。なぜか漠然とした不安が押し寄せ、摂理信仰による信仰への道に暗雲が広がり、何か落とし物をしたような疑心暗疑の中で苦しみもがく日々が続いた。

彼は牧師から度々受洗を薦められてもまだ何か心に引っ掛かることがあって躊躇っていた。母はすでに前年のクリスマスに受洗していた。彼はこうした心理的葛藤の中にあって、母に同調して共に洗礼を受ける気持ちにはなれなかった。

県立熊本図書館で彼はパスカル、ケーベル、アミエル、ヒルティなどの哲学者の著書を読み漁っていた。これらの著名な哲学者が語る哲学は彼の「摂理信仰」の根拠を下支えする有益な書物となった。だが、彼はその救いが次第に重荷になってくることに気付いた。

もし、彼が救いを神の摂理に求めそれに組みこまれたならば、彼の自由意思をその摂理と合体させなければならない。確かに神の恩寵としての摂理は「我々が与えられた倫理的要求に応じようと努力することは、それが最高善自身の意思と我々自身の人間的意志との一致に対する努力として認識される範囲においてのみ、宗教的に解釈される」（「竜南」第二二六号「意志その他についての断片」）と考えられる。

この問題は彼が洗礼を受けるまでの一年半の間、悩み苦しんだ課題である。すでに彼は弁証法的神学の紹介書を読みながらも、なおこの問題に苦しみ続けていた。この問題こそ、今日に至るまで彼が終生戦わなければならない課題であった。いわゆる、近代主義（直接的なる神の愛）――キリストという媒介者を抜きにした神の愛――という課題との格闘であった。

彼はキリストなしの神学に一七歳から一八歳の間苦悶する。キリスト教にキリスト自身の存在の占める位置はない。したがって、彼は自らこの問題を解決せずにキリスト者になることはできなかった。彼は自己努力によって神の愛を無条件に受け入れるための神学を自ら構築しなければならなかった。

一九三四年に発行された『五校基督教青年会花陵会会報』第二三号に掲載された「悪の存在についての断片」において「人間の善意志への転向は人間の自由意思に与えられる可能性がある」と述べ、覚書には「生活は『摂理の示顕』である、それが宗教である」と書き、一年経過して「『生活』という言葉を『摂理の否定』に置き換えることができるようになることがあらゆる知識に先立つ知識である」と悟った。その間彼は熱心に教会へ通い、福音的説教を聞いておりながら、しかも「律法によりては義とせられず」ということを一年半もかかってやっと習得することに慚愧の念を禁じえなかった。しかも彼は内村鑑三やカール・バルトを読んでいたにもかかわらずこの種の桎梏から逃れられなかったのである。

三　佐藤繁彦教授を知る

彼は一九三四年の春の終わりごろ、花陵会の図書館で一冊の見慣れぬ書物に遭遇する。佐藤繁彦の『ルッターの根本思想』である。この間の事情を彼は『神学的自伝Ⅰ』に次のように述べている。

私はこの大部の書物を、最初はさほどの感興もなく頁をめくっていたが、次第に不可思議な力に圧倒され始め、私はヤコブが天使と取り組んだ如く、この書物、否むしろルッターと取り組まざるを得なくなり、最後に完全に私は組み伏せられて「もも」の樞骨（つがい）を外されてしまったのである。私はルッターによって律法すなわち直接性の宗教のむなしさを教えられると同時に、私の神追求が実は自己追求にすぎなかったことを示された。自己が平安になりたいために神の摂理を信仰するのは、自己の幸福のために神を用いることであった。私は二年間近くの「信仰」の歩みを粉微塵に打ち砕かれて、心理的のみならず生理的にも消耗衰弱に達した。しかし、この私への問いは、私への真の答えを背後に持った上で提出されたものであった。私は今や始めて単なる「神」の摂理への信仰ではなく、「キリストの恩恵」への信仰に入れられるに至ったのである。

北森嘉蔵はこの年の真夏、一九三四年八月一七日、熊本水道町のルーテル教会において石松量蔵牧師より受洗した。時に彼は一八歳六か月であった。『ルッターの根本思想』を読んでたったの六か月後のことであった。これまで苦しみながら摂理信仰と戦い続けた彼の即断であった。石森牧師は慌てなかった。いつかは北森嘉蔵が受洗すると信じて彼の心情を労わりつつ見守っていたのである。この時彼のほかにもう一人の受洗者がいた。木下順二の母、木下三愛であった。

二人の求道者は石森牧師によってキリスト者の道を歩むべく整えられたのであった。

四　ルターの根本概念

北森を魅了したマルチン・ルターとは何者であろうか。西洋の歴史を紐解けば必ず目につく宗教改革者マルチン・ルターその人のことである。

すでに、西洋史などでおなじみの宗教改革を成し遂げた修道士マルチン・ルターの宗教改革に至るまでの苦悩の歴史は北森嘉蔵がたどった苦難の道に通ずるものがある。日本に初めてマルチン・ルターを紹介した佐藤繁彦によって目を開かれた北森の狂喜乱舞は本来ならば卒業と同時に東京大学文学部へ進学するはずの行程を狂わせた。五校から神学校へ進学するとは常軌を逸していると誰もが思ったが、しかし、母だけは息子が神学校で神学を学びキリスト教伝道師になることを祝福したに違いない。佐藤繁彦は福島県会津若松の生まれで、台石高等学校卒業と同時に組合派の海老名弾正から本郷教会で受洗し、東京大学に入学するが同年、故あって京都大学に転校し卒業後、東京大学大学院でルターの研究を始める。ドイツにわたり、チュービンゲン大学でカール・ホル、ベルリン大学でカール・ハイムに私淑しルター研究に埋没、帰国後、「ルッター研究会」を創立、一九二五年に九州学院神学部が東京に移転して日本ルーテル神学専門学校になった時、彼は同校の歴史神学の教授となりルター神学を教えた。五二歳で胃がんのために死去したのは、北森が佐藤繁彦を頼って神学校に入学したその当日であった。だが、北森は他の大学に転向する気にはなれずそこで彼は独自のルター研究を始めた。

佐藤教授が胃がんを発症したということは五高に在籍しているときも下馬評で北森の耳にも入っていた。だが、北森はそれゆえにこそ佐藤教授が一日でも長く生きることを願い、病床の中であってもよいからその教えを乞いたいという感情を抑えることができなかった。

彼が神の摂理説では決して納得することができず苦悩し、容易に受洗できなかった事実は、マルチン・ルターの苦悩と同質のものであると思われる。

五　マルチン・ルターの履歴と苦悩

マルチン・ルターは一四八三年、ドイツ中西部のチューリンゲン地方のメーラ村の農民の子として生まれた。その後、父が炭鉱都市マンスフェルトで鉱山業を営み、次第にその地位と資産を得ることになったためにマルチンはこの新興勤労階級の子として育ち、マンスフェルトの語学校にも通学して、厳しい宗教的訓育を授けられた。マンスフェルトの初等教育を受けたのち、一四歳のころ、マグデブルグで『共同生活兄弟団』の指導を受け、さらに郷里のアイゼンナッハで、敬虔なコッタ夫人の家庭に寄寓して宗教的敬虔の素地を作る機会を得た。一五〇一年、一八歳となったマルチンは両親の希望と期待を一身に受けて、エルフルト大学に入学し、父の希望に従い法学部に籍を置いた。当時の大学出の神学教育はおおむね唯名論的スコラ哲学の代表的哲学者ウィリアム・オッカムの「オッカム主義」が支配的で

ルターの修道院時代
（クラナハ画、1520）

あり、ルターの神学研究に大きな影響を与えた。彼が父の期待に背くことなく世俗的立身出世の道を歩み、父の名を高めることは必然であると誰しもが思っていた。ところが、その七月、突如として彼は父の憤怒を買い友人たちからの忠告には耳もかさず同じエルフルトの町のアウグスティン派の修道院にはいる決断をした。この回心の動機はいまだ確たる理由もわからないが、一般的には「雷雨の経験」「大学時代の友人の急死」などあげられている。前者が最も有力視されている。

　一五〇五年七月二日、彼は両親の家からの帰途、シュトッテルンハイム村近郊で雷雨に襲われ、激烈な電撃のショックに打ちのめされ天上からの死の恐怖に耐えかねて、「助けたまえ、聖アンナよ。私は修道士になります」と無意識に叫んでいた。聖アンナとは炭坑夫たちの守護聖人である。

　彼の「修道士の誓約」には「ただ突然の死の恐怖と戦いとに囲まれ、強いられ圧迫を受けて誓いを立てた」とある。アリストテレスの自然学にもかかわらず、彼の内には「神の声はしばしば雷鳴を通して迫りくるという信仰」が生きていたのだ。

　ルターは最も厳格で知られたアウグスティン派修道院に入り最も厳格な戒律修行を誠実に完遂し、やがて、彼の学識と修道の熱心さが認められて、教団の総管長代理ヨハン・フォン・シュタウピッツのヴィッテンブルグ同派修道院に移され、同時にそこに新しく創設された大学でアリストテレスの「倫理学」を教え、一五一一年ヴィッテンブルグに帰り、翌年神学博士の学位を取得し、正式に聖書神学の教授に就任した。

やがて、彼に霊的試練が襲い掛かる。これは「修道士病」といわれるものである種のメランコリー、今でいうところの「うつ病」の類に類似している。ルターにおける霊的試練は熾烈なものであった。修道院では「ただ神を愛する」ためのサクラメントを怠りなく整然と行ったが、「神を愛する」心のみに専念すればするほど彼の頬は扱け、肉体の衰弱は見るも無残な形骸と化した。当時の画家クラナハの描いた貧相なルターの肖像（一五二〇）を見れば当時のルターの過酷な霊的試練の様相が理解できる。ルターは嘆く。「……私はこの世におけるもっともみじめな人間であった。誰も制止することができないほど夜も昼も、ただ哀泣と絶望があるのみだった。……なぜなら、私はキリストを、その前から逃れようと思っても逃げることのできない厳しい裁き主としてしか知らなかったからである」。

ただひたすら要求される神への愛に基づく「悔い改め」は不可能に思われた。彼にとって悔い改めとは「人間の自己追求から発すること」だけであったからである。人間は自己の救いのためにのみ神を愛するのである。このようなことでどうしてキリストの贖罪が生かされうるのか。まるで、キリストの死が犬死のように思えてくるではないか。神は悪魔と同質で、自分の子供を平気で殺しうる悪辣で無慈悲な存在ではないのか。このような神をどうして愛せよというのか。

神を愛せない人間のエゴを嘲笑し、不可能を要求して滅びの道をたどらせる裁きの神、報復の神をいかにして愛せよというのか。ルターは懊悩する。「……この思いにとらわれて私はキリストがなんであるかを忘れ、神が悪魔ではないかとさえ思う。摂理ということを考えると我を忘れ、賛美はやみ、誹謗が始まる。……」。

ではこのような苦悶の日々を彼はいかに克服したのであろうか。

かつてルターを神学教授にしたヨハン・フォン・シュタウピッツを覚えているだろうか。彼は常々ルターの後見人の役割をなし、若きルターの魂の危機と苦悶を慰め励まし、助言を与える柔和なユーモア感覚に秀でた人物であるとされている。後年、ルターは神がシュタウピッツを通して自分を救い出してくれたのだと思った。

シュタウピッツの神学的立場は中世の体系を継承する方法に属しているとされる。彼はトマス主義者であるばかりではなく中世末期のネーデルランド神秘主義に属していたこの派の代表トマス・ア・ケンピスを信奉する神秘主義者でもあった。トマス・ア・ケンピスの代表作『キリストにならいて』(De imitation Christi) には「人はキリストの十字架における極みまでの受苦を内面的に追体験しなければならない。その時初めてキリストとの真実の同形性を達成しうる」とある。

我々はキリストと同形にならなければならない。シュタウピッツはこの同形性の経験をルターに教えたのである。キリストにおいて愛として自己啓発する神を仰がねばならない。キリストの十字架の運命を自己のうちに追体験し、それによってキリストと同形となるものは「選ばれた人々」に属する。「キリストの傷を仰ぎ見よ」。これらのことがルターの心を慰め悩みから解放する間接的な原因となった。ともあれ、シュタウピッツはルターをオッカム主義からトマス主義に目を向けさせたのである。やがて、彼はパウロの「神の義認論」へと導かれてゆく。

第二章　日本ルーテル神学専門学校入学

一　日本ルーテル神学専門学校入学の経緯

人間は偶然にこの世に誕生した。父と母の愛の結晶によってこの世に誕生したのが自分であり、父と母を選ぶことはできない。金持ちの家に生まれた子供は終生金持ちであり、貧乏な家に生まれれば、なかなかその境遇からはい出せない。いかなる生物もすべて偶然の作用によって生きてゆかなければならないのだ。

この世の偶然説に縛られ悩んでいた北森は、聖書を読み、キリストの祈り、「御心をなしたまえ」という言葉に反応した。御心とは神の心であろう。すると自分は偶然に生まれたのではなく神の手によって既に地上に誕生することが決定し、自分を誕生させる父も母も「御心」が働いて自分はこの世に誕生したと考えるに至った。いわば、摂理信仰である。これは必ずしもキリスト教だけではなく、仏教にしろ、イスラム教にしろ似たような理屈で説明される。それならば仏教でもいいではないか。自分はお釈迦様のみ心によって北森家に誕生した。なぜキリスト教なのか。母がキリスト教に入信したのはなぜか。祖母は熱心な浄土真宗の檀家であった。そこにキリストは存在しない。キリストはどこに行ってしまったのか。確かにキリストは神と人間をつなぐ仲保媒介者であって預言者の類ではないか。それならば、お釈迦様も阿弥陀如来と人間をつなぐ仲保媒介者であるはずだ。この時、佐藤繁彦のルターの根本概念に対して示された彼の心情は極めて率直なものである。

「神はキリストにおいて人間を愛し、キリストにおいて人間を許し、キリストにおいて人間を見詰める……それは、人間自身はいかにしても神の意にふさわしくありえないからだ……」。彼はルターのようにキリストの十字架を仰ぎ見る。なぜに、神はキリストを十字架につけたのか、人間の贖罪の無限なるがゆえに、彼もまた、罪深き一介の愚かな人間でしかない。キリストなしには神にゆるしを乞うことすらままならぬ。それなのになぜ、神はキリストを十字架の上に高く挙げたのか。彼は未だ十字架の上に高く挙げられたキリストに対する神の愛を知ることがなかった。このようにその時は未だ彼は残忍なことをする父なる神の愛の真相にまで思いが及ばなかった。

大学進学は当然東京帝国大学文学部言語学科か英文科のいずれかに進学することにあった。彼は言語の語源的分解に興味があったのである。ところがこの時に彼の進路さえも変化させるような事件が起こった。この事件は北森嘉蔵の生涯を決定的に転機させる事態となった。

彼が当時住んでいたところは熊本市の内坪井町というところであったが、その界隈に天然痘が発症し、たちまちその周辺はパニックになった。家族は熊本市の西部にある親戚の家にのがれ、彼は第五高等学校基督教青年会花陵会の寮に入ることになった。ここで体験したことが彼の人生を一変させた。それは、家族が東京へ移住した後、入寮していた中津義典の一生の問題に関与したことである。中津家は熊本の名門であった。彼はクリスチャンホームで何不自由なくまじめなキリスト者として生きていた。しかし、中津は「生きるか、死ぬか」の問題を抱えていた。もし、彼が北森との会話で解決が与えられなかったならば、彼はこの世に存在しなかっただろう。彼は謹厳なキリスト者の家に生まれ、キリスト教の戒律を守り、過ちを犯さず、まじめに聖書を読み礼拝に参列し、神の前で従順にこうべを垂れている律法順守の青年であった。だが従順な彼はこの律法の掟である「色情を抱いて女を見る者はすでに姦淫を犯している」という言葉に絶望した。だから、今日この問題に解決のめどが立たなければ自殺するというのである。生きていればいるほど神の栄光を汚す存在となるのだから、この世から自分を抹殺しなければならないのだと彼は悲愴な面持ちで北森に語りかけた。北森との話し合い次第では、明日自殺するというのである。北森は驚き、真剣に説得しなければならなくなった。彼らは夜を徹して語り合った。だがこれ自体は簡単な問題である。律法か福音かの二者択一の問題である。しかし、北森は未だそこまで明確に福音の性格を知らなかったから、信仰義認の話をした。ルターも修道院生活の中でがんじがらめの戒律を神の愛を成就するためにまじ

日本ルーテル神学専門学校時代
北森嘉蔵（左）

めに実行し、精神的に追いつめられたが、やっと師と仰ぐヨハン・フォン・シュタウピッツによって信仰義認の道を開かれ、十字架のキリストを仰ぎ見よと諭され、やっと己の中に潜んでいた律法的愛から解放されたのである、と熱心に語った。

中津は北森が話すことを聞きながら次第に青白き顔を高揚させ、北森が語る「キリストの傷」に象徴される人間の罪の問題を認識できるようになった。北森はまさにルターに対するシュタウピッツの役割を果たし、伝道の第一歩を踏み出していたのだ。

一九三五年、いよいよ北森は進学先を決めなければならなくなった。教会の石森牧師は「日本ルーテル神学専門学校」はどうだろうかと提案した。牧師はそこに奉職して彼に目を開かせた佐藤繁彦の名前があるのを承知していた。だが、下馬評では佐藤繁彦は京都帝国大学に移籍するかもしれないというものであった。佐藤先生のいない神学校へ進学しても無意味であると彼は思い、かなり深刻に悩んでいたところ、佐藤先生はかなり重い病気にかかっているらしいから京都帝大の移籍は無理であろうという報が入った。前述のように、彼はしばしの間でも佐藤先生が存在すればそれで良いと思い一刻も早く佐藤先生の教えを乞うためには神学校へ行くのが妥当であると決断した。

二　初めての悲劇の体験

三月末、ついに北森は親元を離れ、東京の中津家の食客を約束されて二人で熊本駅から東京駅まで一緒に汽車に乗った。心弾み期待に満ちた彼らは車中の人となった。熊本駅に見送りに来ていた人々の中には木下順二もいた。

汽車が熊本駅を出て間もなく事件が起こった。彼らの乗車した汽車が一人の幼女を轢殺したのである。泣き叫ぶ母親の声が聞こえ、周辺は騒々しく、前途有望な二人の青年は呆然と声もなく車外の光景を見つめていた。北森の脳裏に暗い影がよぎった。縁起を担ぐというわけではないが、晴れの門出の汽車がこのような悲劇を起こしたことに一抹の不安がよぎり、彼はもう一度熊本に引き返し、出直そうかとさえ思った。

だが、その瞬間彼の脳裏をよぎったのは「福音」という一文字であった。

一体私は何のために東京へ出てゆこうとしているのか。それは福音を学び、福音の伝道者となるためではないか。福音とはいったいいかなる内容のものなのか。どん底の人間をすくうための良きおとずれではないのか。今、僕の乗っている汽車が引き起こした悲劇の中で絶叫し慟哭している母親こそどん底の人間ではないか。どん底にあえぐ人間を救うために自分は伝道者になるのではなかったか。これこそ自分に与えられた任務ではないか。この事件は自分の生涯の仕事であり、その暗示を与えた事件ではあるまいか。私は何のために神学を学ぶためにわざわざ東京へ出向くのか。血塗られた涙の川を泳ぎながらの人生が自分に与えられた重大な任務なのだ。これを天啓といわずして何と言おうか。

中津と北森は沈黙したまま車中の人となった。北森の耳には絶えずわが子を喪った母親の絶叫が聞こえ、血の涙で赤く染まった母親の顔が脳裏に焼きついていた。

三　佐藤繁彦教授死去

初めてみた東京は雪景色であった。春先の東京の風は冷たく、九州から来た者にとってはさながら「春とは名のみの風の寒さや」という早春賦に歌われる歌詞そのものであった。しかし、そうした春先の東京の宮城の堀端の景色には感嘆した。こんな美しい眺めがほかにあるとは思えなかった。見る物すべてがみな斬新で都会の喧騒など苦も無く素直に受け入れられた。まさに田舎者の東京見物と同じであった。

入学式前の四月二日、池袋のお宅に佐藤繁彦先生を訪問した。先生は病床にあり、青ざめてやつれた姿で熊本で目にした同じ先生とも思えず愕然とした。佐藤繁彦は一九二〇年から二年間、熊本の日本キリスト教会に転任し、同時に九州学院神学部でキリスト教神学を講じていた。佐藤繁彦は病床にありながら、北森に「なぜ大学へ進まず神学校を目指したのか」と尋ねた。北森がうつむいていると先生は「人間には決心時があるのだから君にとって今がその決心のときなのだろう」と言い、「学校が始まり次第なるべく早く授業に出るようにする」と快活に言った。先生自身は自分の病名を単に胃潰瘍くらいにしか思っていなかったのだろうが、人のうわさでは末期の胃がんであった。入学式の間の二週間を佐藤先生の『ルッター研究』という雑誌を読んで過ごした。入学式は四月一六日であった。前年献堂された新しいチャペルで入学式が行われ、新入生歓迎会が行われることになっていた。ところが、何やら周辺があわただしく、司会役の神学生が青ざめた顔つきで佐藤先生が逝去されたことを知らせ、急遽、歓迎会は佐藤先生を送る追悼会となった。何という悲劇なのだろう。車中の出来事といい、入学歓迎会での佐藤先生の訃報といい、自分は神から疎外され、神学校から追放されようとしているのではあるまいか。内なる心は佐藤先生のいない神学校にいるのは無意味だ、早速この学校をやめて言語学を学ぶために東京帝国大学に入りなおそうと思い詰めた。しかし、先刻入学式で「私の全生涯を主イエス・キリストの福音のために捧げる」ことを誓ったばかりでないか。佐藤先生を信奉するために神学校に入学したわけではない。自分から佐藤先生を奪った神は自分に主イエス・キリストのみを主として仰ぎ、その福音を伝えるために神学校に入学させたのではなかったか。一般的に見れば北森は運の悪い人間である。車中の出来事といい、仰ぎ見る佐藤先生をこの地上から奪い去られたみじめな人間である。この先にどんなことが起こるか彼には知るすべもない。しかしこの時になって彼は悟った。佐藤先生を奪い去られたことによって、彼はキリストのみに仕える人間へと変えられたのであると。

この事件によって北森は伝道者として身をささげることはいかなることかを学んだといえるだろう。キリストのみが主であること、キリストのみが先生であることを悟ったのである。この時から、北森はキリスト以外の一切のものを絶対化せず、相対化することを学んだ。佐藤先生の好まれたルターの賛美歌を歌い、祈祷会に移った時、彼の祈りはもはや佐藤先生のための追悼の祈りではなく、これまでの自分の生き方に対する深い後悔とキリストのみを生きがいとする者として今後の人生を歩むという固い決心の祈りであった。

四　聖なる威圧

神学校では新入生歓迎会の一端として高尾山に登山する企画が立てられた。高尾山は東京都八王子市にある標高五九九メートルの山で、古くから修験道の霊山といわれていた。五月のさわやかな風に吹かれながら新入生たちは新緑のまぶしい風景に見とれながら山道を歩いた。朝の内は晴れていたのに、急に午後になると雲行きが怪しくなり、皆は駆け足で山道を下った。その時、彼は異様な経験をした。急斜面の下り道に差し掛かった時、はるか下方に谷間が見え、ざらざらとした砂石の道は一歩間違えれば滑って転がり落ちるような錯覚を覚えた。高尾山などの小さな山で遭難するなど考えられもしない。しかし、山道は険しく、何事か神秘的な様相を呈し、一瞬にしてその相貌を変える。彼は突如「聖なる威圧」ともいうべき一言では表現できないほど神秘的な威圧が彼の内に渦巻くのを覚えた。いわば、霊山という山の威圧である。山という自然からの威圧である。だが彼はこの自然という威圧が神からの威圧であると感じ取った。彼は青ざめた顔をしながら、一瞬その場に立ちすくんだ。罪びとが受ける神からの威嚇とも取れるある種の恐怖である。この「聖なる威圧」こそ神が人間に与える破壊の源泉ではないのか。山は厳然として存在し、神のごとく人間の無力を凝視しているのだ。

北森の一級上に松村忠という神学生がいた。彼はルーテル教会に属する神学生ではなく、近江兄弟社から依託生として送られてきた学生であった。彼は北森よりも年齢は三、四歳上で彼だけが頭髪を五分刈りにしていた。しかも、佐藤繁彦教授の愛弟子であり北森は彼に絶大な関心を持っていた。村松忠は当時池袋にあった佐藤先生宅の食客であった。北森は先生亡き後多くの先生の蔵書は先生と密接な関係にあった神学生の手に託されたと聞いて羨望の思いがからだ中を駆け巡った。彼らは早稲田独立教会に属する人々で、大半が早稲田大学の学生たちであった。この教会は佐藤先生が晩年に建立した教会である。先生はルーテル神学校の教職者でありながら、ルーテル教会のほかに独立した教会を開設していた。入学早々の喪失感と同時に村松忠という神学生に対する対抗意識が芽生え、奴隷的根性で彼の部屋に並んでいる書棚を飾る英文のルター研究書に羨望の念やみがたく、もし、佐藤先生が生きていたならば、おそらく彼の闘争心と負けん気が強く働いて、松村を蹴倒し、佐藤教授を独占したであろうことが察せられた。

だが、二年後の夏休み、熊本に帰省してのんびりと自然の中に心を洗われている時、遅れて帰省した神学生が意外なことを彼に告げた。松村忠が惰眠性脳炎（日本脳炎）で急逝したというのである。この猖獗を極めた日本脳炎は当時最も恐れられた病気であり、治療法も確立していなかった。松村がこのような恐ろしい病気に襲われたのは一体何事であろうか。

炎天をさ迷い歩いて太陽の熱に脳髄が溶けてしまったのか。この病気は今日では「コガタアカイエカ」という蚊によってもたらされるウィルス性の病気であると原因は突き止められているが、当時は原因が全くわからず恐ろしい病気であると思われていた。熱帯地方にはよくある病気ではあるが日本では珍しい病気であった。炎天下を坊主頭で長時間歩いているとこの病気に罹患すると当時は考えられていた。こんな恐ろしい病気が村松を襲ったことに彼の心は複雑に揺れ動いた。村松を悼む心のほかになぜかほっと安堵する気持ちが台頭してきた。松村忠が彼の前から消えたということは、彼が潜在的にそれを願っていたからなのかもしれない。神ならぬ悪魔を心に宿した別のもう一人の自分、分身の存在を彼は痛感したのである。そうであればキリストを十字架に高く挙げたのは神ではなく悪魔だったのか。その時、彼は、まだキリストの敵であったパリサイ人のパウロが、突然天啓を受けてキリストを神とするに至った顛末を十分に考えてはいなかった。

五　無教会主義との葛藤

神学校入学したての頃、北森は塚本虎二の『聖書知識』を読んだ。彼は無教会主義の必然性を認識することができた。また、無教会主義は彼にとってはある意味で魅力的であった。それゆえに彼にとってそれは戦いの対象でもあった。当時の知識人の多くは塚本虎二の「無教会主義的基督教」の勉強会で熱心に聖書を読んでいた。ただそれだけのことだから、場所は多くの場合どこかの建物の会議室や大学の教室が使用された。まるで、聖書の講義を聴講しているかのようであった。北森も勉級好きの性格上、学ぶことに大いに意義を感じていたが、彼がこうした無教会の在り方に違和感を感ずるのは、はたして無教会的勉強会は「キリストの心」に沿ったものであろうかということであった。キリストの心が「問題」を抱えた者たちとの連帯である限り、問題のあるものとの断絶において聖書を自己満足的に学んでいる行為ははたして是とされているのか。自己満足で聖書を読んでいる彼ら熱心な無教会主義者を羨望する彼の心底にキリストの福音が大きな疑問として残されたのである。この戦いから早く脱却したいと思いながらなおも無教会主義的行動の魅力に取り憑かれている自分への嫌悪を彼は次のように記録している。昭和一〇年頃のことである。「人間なら思うところを神ご自身はこれを許し給わない。単に見捨てざるのみならず、この罪人と反逆者と嫌悪すべき者らとのために、十字架にかかって殺されたのである。不可解な愛と、測りがたき神の痛みよ！　望みなきものを、捨て給わない！　嫌悪すべきものなるがゆえに、命をかけて愛したもう神！」。

「まだ悟らぬか」と弟子たちに言い続けたキリストの言葉に、彼自身もまた「さわやかさへの意志」の象徴である無教会的要素から抜け切れないでいる「私の内なる無教会主義」への未練がましさに慄いていた。キリストの体である教会を離れてまで無教会主義を創始した札幌バンドの内村鑑三はいかにして無教会主義を創成したのであろうか。

内村鑑三の無教会主義の根源は所属する教会のない者同士の交流の場を設けようとしたところにある。ルターの宗教改革の二原則「聖書のみ、万人祭司」を極端に現実化したものである。確かに、札幌バンドの創始者内村鑑三の周辺に教会がたくさんあるわけではなかった。

按手礼を受けた聖職者がほとんど存在しない地域では、キリスト教の伝統的な礼拝から離れ、結果的に聖書研究・講義が中心とならざるを得ない。まさに無教会の集会は聖書集会・聖書研究会である。その集会を発足させた人が講義することもあれば、交替で会員相互が講義する集会である。日本以外でもメノナイトやクエーカーと無教会主義のキリスト教系の類似点を指摘する研究者もいる。内村鑑三もアメリカではクエーカーとの交流があり、内村の同志新渡戸稲造もクエーカー教徒である。

そんなわけで、内村鑑三率いる無教会主義は東京大学の南原繁や矢内原忠雄を取り込んで、多くの知識人が無教会主義に流れて行った。ルターに魅入られた北森が無教会を全く無視して通過するわけにもゆかずそこで戦わざるを得ない事情はそんなところにある。しかし、彼が今、ここで「神の痛み」という言葉を口にした瞬間から流暢に聖書だけ勉強するというわけにはゆかなかった。彼はキリストの父なる神の痛みに心情的な共感を覚えていたからである。父なる神が痛みつつ子なるキリストを捨てなければならなかった、その真意を深く理解することが彼の神学の出発点となったからである。

六 「神の痛み」と私の無意識

彼は無意識のうちに「神の痛み」という関係概念を思い描いていた。必ずしも「痛み」でなくてもよかった。深い悲しみ、慟哭、慚愧、等々、十字架に死した独り子を深く痛む父なる神の心情が伝わってくれば良かった。やがて「神の痛み」の概念を無意識の奥底に秘めて彼は聖書に立ち向かうことになる。彼は無意識に聖書の中から「神の痛み」を裏付ける証拠を探し始めた。

当時の聖書は文語体であったから、現在の口語体とは若干ニュアンスが異なる。ラテン語には多様な意味が含まれていて、訳者の見識によっていかようにも内容に変化がみられる。彼はこの時点ではまだ旧約聖書を熟読していなかった。

「わが内なる無教会主義」から解放されても、いくらわが弟子よ、友よ、わが子よと語りかけるキリストに凡庸な弟子たちと同じように、キリストの呼びかけの意図を理解しなかった。だが、なおも彼らを見捨てず堪えているキリスト、神の独り子、彼らのために神に捨てられ、十字架の死を免れえないことを知っているキリストは、心の底から弟子たちに与える自分の愛の本質を理解してほしかった。十字架にかかって殺されるキリスト、その不可解な愛、それをあえてキリストに命じる神の愛、それを何と呼ぼうがこの「不可解な愛」を、凡庸な人間はどのようにも理解できず、その図りがたい「神の痛み」、嫌悪すべき者なるがゆえになお命を懸けて愛する神、まさにこれこそ人間の側面から見れば、マソヒズムの典型かと思われる愛である。神の目から見れば純粋でも人間の目からは不純な愛に相当する。はたしてこのような神の痛みを人間は理解することができるだろうか。隣人に対して憎むべき敵に対して人間はキリストのように彼らを愛することができるだろうか。たとえどんなに鞭うたれ中傷誹謀の憂き目にあっても、自分を傷つける相手を愛することができるだろうか。自分はキリストになれるだろうか。キリスト者の心情は「ゴミ捨て場に踏み入る神の子に倣って、罪と反逆に満ちた世界の連帯責任の態度をとる」ことではないか。なぜそれを成就できないのか。ここに「神の痛む愛」が彼にとって重要な意味を持つことになったのである。後にたどり着く「神の痛みに基礎づけられし愛」の原点である。だがこの時点において神の痛む愛は自分に対して向けられたものではなく、他者に対して向けられたものであった。

その頃彼は次のようなことを『神学的自伝I』に書いている。「パリサイ人の弾劾は『外への弾劾』であり、キリスト者の弾劾は『内への弾劾』である」。

一九三五年六月、彼に訪れた「神の痛み」という言葉はその後長い間、彼の無意識の中に閉ざされていた。二年後に彼がこの言葉を決して使用しないと決心したことはこの言葉が天から雨のごとく降り注いで天啓のように彼をしばりつけたものではなく、ひとえに彼自身が私的に生み出したということによる。そして、この概念は十字架の福音さえ明確になるならいつでも捨て去られ、彼の脳裏から消えてゆくような運命にあった。「十字架の福音」を述べる際の傍点の役割を担うだけであった。同年八月、彼はエレミヤの絶叫を知る。エレミヤはイスラエルに向かって「汝は滅びる、神は汝を捨て給うた」と叫ぶ。「汝は滅びよ、汝は裁かれよ、汝は捨てられよ」と叫ぶ預言者エレミヤの涙をイスラエルは知らなかった。この時点でエレミヤは生ける神、イエス・キリストの存在を知らない。北森は十分に知っている。「人と成り給いし神の子」イエス・キリストを。古きエレミヤは去り、新しきエレミヤであるパウロはエレミヤの涙をぬぐう使徒であった。望みなき者こそ望みはあると死人を甦らせ、キリストを裏切り反逆する教会を贖うものはキリストただ一人である。ルターは言う。「常に罪人、しかも常に義なるもの」(semper pecator, semper justus)。ルターがカトリック教会に提示した福音はこれであった。神学者フォーサイスは「キリストこそは、世界の、しかして教会の一切の罪悪と堕落とを自己の責任として担うものである」と主張する。「手に槍を持って」せめよせる反逆者を神がキリストに在ってご自身を表された、この福音こそ十字架の福音である。(2)

彼の神学体系は教会問題を媒介として構成されたが、次第に自己の存在証明、自己実存を巡って考えられるようになり、神とキリストが異なりつつ同一であることが明確になるとき、「神の痛みの神学」が成立する。神の痛みとは、外を内に包む(包摂論)神の愛に他ならないからである。

七　カール・バルトの神学

神学校入学以来、初めての夏休みの数日を懐かしい花陵会の会館で過ごした。その時、激しい雷鳴がとどろき、大粒の雨が奔流のように大地を打ち付け道端にあふれ流れた。「神が世界に向かって怒りを発し、その怒りが自分一人に向けられているような恐怖を感じた」と彼は日記に書いた。彼はすでにして戦争に傾いてゆく社会の中で、神の雄叫びが人間に対する怒りとなってはじけ、反逆する彼自身の実存に向かって発せられたかのように感じた。「神の怒りの下にさらされている我々を温かき手を持って庇う者、これがまさしく神御自身なるイエス・キリストであるとは何たる矛盾、また何たる恩寵であろうか」。

このようにして彼自身はイエス・キリストをもはや形式的・概念的にではなく、内実的・体験的に理解したのである。

夏休みも終わり、熊本を発ち、途中大阪へ立ち寄って東京に帰った。彼は悲惨に押しつぶされつつ、反逆の精神だけに駆り立てられていたが、東京の秋の空を眺めた時、彼の競い立つ精神が次第に静まってきた。

彼には青年特有の純真さで何事にも率直に受け入れる傾向があった。当時彼はカール・バルトの神学、特に『福音主義的教会の危急』や『時の間に』という小文に関して共鳴するものがあり、まったくと言ってよいほど無邪気にバルトを崇拝していた。しかし、この小文はバルトのあまたある論文集には入っていない。彼はバルトの写真を机の上に飾ってバルトと常に対峙しながら、バルトのようになりたいと憧れる若き神学生であったが、「あこがれの人」は次第に彼の進む方向からずれてゆく運命にあった。バルトを批判することは日本の神学界においては勇気のいることであり、当時の彼の神学はそれゆえに日本の神学者から敬遠されることになってしまったのである。何事も日本で生まれた独自の理論や多くの心揺さぶる絵画、音楽に至るまで外国人の賞賛を受けた後に同胞の評価の対象となる。この日本人的気質は従来からのものであったのか、それとも敗戦によって西洋礼賛を余儀なくされて以来の日本人の精神に染みついてしまったものなのか。しかし、敗戦から突如「神の痛み」の神学を日本の片隅で育て上げた大和魂はそれだけに切なる思いがあったことを今にして知る。

カール・バルトにあこがれ真剣にバルト研究に励んだ神学生は、バルトの「神学的公理としての第一戒」（一九三三）というテーゼに疑問を呈した。「福音への問いと関連させる時初めて正しく応えられる……」から始まるこの言説に北森は疑問を覚えた。バルトが福音を一戒、すなわち律法の中に見出したことが彼を驚愕させた。律法は人間の良き業を要求する。ルターとバルトの間に神学的モチーフの根本的相違があることを認識することによって、彼はバルト神学から遠ざかる道へと進んだ。北森が『神の痛みの神学』を公刊した三〇年後、すなわち一九五六年、バルト七〇歳の時の著書、『神の人間性』で、バルトは告白する。

自分は四〇年前、近代神学に対して一つの「転向」を突きつけた。それは「神のみが神である」という「神の神性」を主題とするものであった。「神と人間との無限なる質的相違」とか「上から垂直に」とか「真空」というような表現をした。然し自分は今、これまで四〇年にわたる自分自身の神学に対して「転向」しなければならない。それは「神の人間性」すなわち「人間と交わる神」の真理である。この点を十分に認識していなかったこの四〇年間の自分の神学は「歪んでおり異端的であった(3)」。

この告白はドイツの神学者モルトマンやカール・ラーナーらの神学の真髄を伝えた後に起こったバルトの転向である。しかも七〇歳という高齢に達してからの転向には敬服せざるを得ないと北森は思った。北森は自分に浴びせかけられたそれまでの多くの非難を背後に、なおも声高くして「キリストの十字架は、人類の悲劇である前に神の悲劇である。人間が痛む前に神が痛み給うたのである」と言い続けた。さすがにバルトは偉大である。己のこれまでの神学を一八〇度転回させたことに対する敬意の念を感じつつも、自分はいかなる高齢になっても決してこれまでの自分の主義主張を曲げることはないと思った。それから数か月して、再び「神の痛み」という言葉が彼の脳裏に侵入してきた。

聖書がわれらに告げ示す第一の事柄は、神の痛みである。福音はこの神の痛みという基礎の上にたてられし神の恩寵の告示である。「手に槍を持った」（フォーサイス）叛逆する者を、キリストに在って、御自身のものとして持とうとし給う神の恩寵は、神の痛みでなくしてなんであろう。この神の痛みを告げ知らされ、この神の痛みに触れし者のみが、真実なる魂の人間となるのである。

彼は神の痛み（Schmerz Gottes）を最も強く感じたのは使徒パウロではないかと思った。昭和一一年（一九三六）、この年は彼が最も成長した年であった。アンダース・ニーグレンの『アガペーとエロス』の第一巻の英訳本を熟読して得られたさまざまな神学的想念は多岐にわたった。この書物を熟読玩味することによって彼は神学書の面白さを知った。神学とはかくも面白い学問であったのかと痛感した。神学に面白さを付与することはありていに言えば邪道であったが、彼はニーグレンの着想の面白さに「小説や映画よりも面白い」と思ったのである。このように面白い学問があれば他に何もいらないと彼は感嘆した。若き神学生をこのように興奮させたニーグレンの『アガペーとエロス』とはいかなる神学書であったのか。後年彼はニーグレンを批判してはいるが初期の段階で彼の「神の痛みに基礎づけられし愛」という表題の基礎になった書物はニーグレンの『アガペーとエロス』である。本書を丹念に読んでみると北森の神の「痛める愛」の真髄がよく理解できる。バルトの「言の神学」に対してニーグレンの「神の愛の神学」は、後年北森嘉蔵の「神の痛みの神学」に対する一つの梃入れがなされたとみるべきである。今となっては当然のこととして人々は何の疑問も呈さずにイエスを語るが当時ニーグレンが提唱した問題は次のことであった。

「なぜにイエスにおける神は、義人を求めずして罪人を求めるのか」ここにおけるニーグレンの貢献は神が罪人を求めるのは、罪人がそうされる価値をいわゆる「義人」以上に所有しているからではなく、ひたすら神の愛「アガペー」のみにその基礎が存在するということの発見である。ニーグレンによって彼は神の愛が「無条件」であることを知ったのである。イエス・キリストにおける神の愛はいかなる条件をも前提としない愛である。キリストはその人間を無条件に愛し給うがゆえに、ただそれゆえに、キリストの愛の魂を聖霊においてとらえるがゆえに、その時のみに起きるのである。聖霊は経験に先立って働き給う。

信仰とは「常に神のものならざる者。しかも常にキリストのもの。このテーゼこそ、信仰が生ずる源泉であり、かつ信仰が向かって進む目的である。さらにこのテーゼそのものが信仰である」と彼は確信するのであった。アガペーのキリスト論的愛の構造は極めて不明確のままであったが、彼にとっては神の痛みの愛を語るうえで重要なテーゼとなった。

その年の六月に彼は日本福音ルーテル教会発行の『るうてる』という機関誌に「神の痛み」と「隠された神」という論文を発表した。これまで彼は五高やルーテル神学専門学校の機関誌に度々小文を書いていたが、それは未だ「思想」という名には程遠かった。それゆえ、彼はこれらの文章を思想にするために「生みの苦しみ」を味わった。神学校の寮に配達されてくるこの出版物を毎日毎日緊張して待った。今日も来ない、まだ来ないと彼は子供のように自分が苦心惨憺して書いた出版物を待ち続けたのである。「神の証を生み出すときは、かくも甚だしき苦しみを伴わねばならないのか！」。彼はこの文章が単にルターの「隠された神」の後付をしたとは考えていなかった。だが、ルターを超えて新しい思想を神学に持ち込むことができたことはある意味で「異端」を覚悟しなければならない恐れを感じた。彼は「神の痛み」に触れることは「死の知恵」である。すなわち、ユダヤ人の言う血肉を以ってエホバの御面を仰いだものは、たちどころに死ななければならない掟、ユダヤ人の神に対する恭順の掟を自分が破った可能性を感じた。彼は今や、自分が啓示によって与えられた「神の痛み」という関係概念に触れたことで死を覚悟しなければならないかと思った。しかし彼は決して自分は死なないと信じた。「神の痛み」に血肉を与え、生きた信仰の証として世に広めるまでは死なないだろうと思った。「神の痛み」こそ人と成ったキリストの意味にほかならないのだ。このように異端すれすれの限界点においても、針の穴をくぐるにも等しい困難な道のりを予想しても、ユダヤ人の「死の知恵」に惑わされず、決して死なないだろうと確信したのである。

この年の一〇月から一二月にかけて彼が取り組んだ課題は、無教会主義とバルト神学であった。バルト神学はその出発点においても、改革派教会的な独自のもので、カルヴァンのそれではない。バルト神学の唯一の敵は神学から、すべての福音からも「神語り給う」という一事を締め出そうとする企てである。つまり、「神の痛み」を福音から締め出そうとする企てと同一である。このような使命を与えられた神学生の苦悩は「神の痛み」が公の場に立たされた時に決定的な「苦難の道」が準備されていたことを予感したことである。しかし、北森は彼に下った啓示である「神の痛み」を放棄することはなかった。この事態をそばで見ていた盟友の武藤一雄は次のように述べている（『救済の論理』解説　一九五〇）。

著者はかって日本における神学の非生産性を強い語調で慨嘆した。それによれば、日本人はいたずらに「あちら製」（ドイツ製、イギリス製、スイス製）の神学の輸入・配給・消費にこれ務めており、決してみずから神学の生産をやろうとしない。今日の日本の神学者は「あちら性」の神学を、あたかも自分が生産した神学であるかのごとく熱情と多弁とを以って、消費者のところへ持ち運ぶ配給業者に過ぎない。このような事態は日本における他の学問分野に対比しても、実に憤激と羞恥に値する神学の悲劇であるというのである。わたしは実をいうとこのようなことばの背後に潜む著者の「神の痛みの神学」に対する強烈な自負に震骸せしめられた。そこにはあたかも「わが誇るは益なしと雖も止むを得ざるなり」といった慨がある。私がこのことを言うのは、もとよりアイロニカルな気持からではない。彼の自負が、「神の痛み」の真理に深く支えられていること、彼のうちに自らの発見せる真理に蕭白衝迫せられ、かつそれに心狂えるばかりに酔える人を見出して驚くからである。またそこに著者の孤独の秘密もあるのではないかと思う。しかし使徒パウロは「われもし心狂えるならば神のためなり、心たしかならば、なんじらのためなり」と言った。神学者の自覚もまたかかるものでなければならないだろう。

八　シュライエルマッハーの絶対依存の感情

翌年、昭和一二年（一九三七）、彼はいよいよ激しく「神の痛み」に心奪われる人となった。

イエス・キリストは私を救い給いし主、わが耳よ、この言葉以外にはいかなる言葉も聞こうとするな。わが手よ、わが足よ、「彼」のためであるならば、一切をなせ、一切をなせ！「イエス・キリストが私を救い給いし主である」、わが耳よ、この言葉以外にはいかなる言葉をも聞こうとするな。

だが、神学界からの騒音は「キリストは神の言」であるというものである。彼は言にその内容を与える。「言の神学」の流行が、このような現象まで生み出したことを彼は憂いた。さらにシュライエルマッハーの出現である。シュライエルマッハーは「絶対依属の感情」をもってキリスト教教義学の基礎付けをしたとき、キリストにおける神の愛を「絶対に依属」さるべき神の愛という一般的な概念によって規定しようとした。キリストにおける神の愛から「神の痛み」を締め出したのである。ここに、「神の愛という一般的な概念」と表現されているのは、「直接的な神の愛」のことである。つまり、キリストは単なる神と人間をつなぐ媒介者であって、何事も神の意向を恐れる者はキリストを媒介にしてお願いするということになる。十字架はなぜ必要だったのか。キリスト教はギリシャ神学のように直接的神学ではなく媒介者を、しかも十字架に磔にされた人間をあえて媒介してなぜに神の意向を仰ぐというのか、そこにどんな意味があるのかを知るすべもない。それならば、一介の預言者が現れて神のお告げを聞くだけで良い。そこに十字架の存在はない。

これはまさに旧約の世界であり、ギリシャ神学の影響が色濃い西洋の神学である。実存哲学者キェルケゴールでさえ、神を愛し、愛されるということを第一義的に考えてはいない。福音とはなにか、十字架とはなにか、このことを決定的に論じかつ信仰することでなければキリスト教神学の意味は薄れる。かくして若き二一歳の北森嘉蔵の「聖なる野心」は「神に愛されるとはいかなることか」について答える段階に到達したのである。

九　文語訳旧約聖書エレミヤ記三一章二〇節

昭和一二年（一九三七）三月、北森は文語訳旧約聖書エレミヤ記三一章二〇節に出会った。「神の痛み」という文言を聖書の中に見出して彼に天啓のように下った「神の痛み」という解釈をいかに神学的に、すなわち聖書的に裏付けるかが彼にとって重要な研究テーマとなった。文語訳では「……是を持て我が腸《はらわた》彼の為に痛む。我必ず彼を恤《あわれ》むべし」と訳されていた。ただ一か所、聖書の中に神が痛むという文言が書かれていた箇所である。宗教改革が勃発するまで聖書はラテン語で書かれ、一般大衆の読む書物ではなかった。これをルターは一般の人にも読みやすくするために、ラテン語で書かれていた聖書をドイツ語に訳している。ルターのドイツ語訳は以下である。

──draum bricht mir main Herz gegen ihn. Ich empfinde den hetigsten Schmerz.──

ここでは明確に神は激しく痛むと翻訳されている。エレミヤという預言者の言葉は激烈であった。しかし、Schmerzという文言は北森の考えに合致していた。ルターがヘブライ語で書かれていた旧約聖書を初めてドイツ語に翻訳した時に明確に「神は愛する子のために激しく痛む」と明快に翻訳しているのである。ちなみに日本語訳の文語訳聖書のエレミヤ記三一章二一節は以下である。

──エホバいいたもうエフライムはわが愛するところの子悦ぶところの子ならずや　我彼にむかいてかたるごとに彼を思わざるを得ず　是をもて我が腸　彼の為に痛む　我必ず彼を恤べし──

従来、全知全能の「神が痛む」などギリシャ哲学の神観念には考えられないことであった。こうした激しい感情のるつぼに投げ出されることなど「神」のなさることではない。神は常に冷静沈着であって感情を表に表わすことなど冒瀆とさえ思われていた。それゆえ人間に受肉した神の独り子イエス・キリストが人間の罪をあがなうために十字架の上で贖われたという考えには到底馴染めないものがあった。神が人間を愛するがゆえに大事な独り子を贖罪のために捧げる等想像の域を超えていた。後に北森の「神の痛み」は「父神受苦説」という異端の名称を持つ思想に結びつくといって非難される所以はここにある。それではイエス・キリストはなぜ恐るべき磔刑に処されたのであろうか。ありていに言えば、社会を揺るがすテロリストの首謀者として処罰されたという説もあるほど、ユダヤ教の長老たちはイエス・キリストを恐れた。

ルターのキリストの父なる神は、槍を持て戦い、人を殺し、押しなべて懲罰を与える恐るべき神である。申命記三二章三九節には「私のほかに神はいない。私は殺し、また生かし、傷つけ、また癒す。私の手から救い出しうるものはない」とあり、旧約聖書の時代にはアブラハムたちはこれを信じた。「無から有を呼び出される神」は人間をむなしくしてもまた甦らせる。この事実を人は「試練」と呼ぶ。多くの試練を与えられるほど神に一歩近づくとアブラハムは従順に神に従った。やっと授かった一人の子イサクを神の命令に従って犠牲に捧げようとするほどに従順であった。それがアブラハムの信仰であった。

いずれにしても、北森にとってエレミヤ書の聖句は自分が天啓として授かった「神の痛み」という関係概念とともに「神に愛されるということはいかなることか」に応えるための不可欠な武器となった。彼は五月のはじめの日記に記す。

「神の痛みという言葉は『十字架のキリスト」を指し示す指である」。

「私は『神の痛み』という言葉は用いたくない。私はただ『キリストの十字架』という言葉を用いたい。――しかし多くの人間が、『キリストの十字架』という言葉を用いつつ、『キリストの十字架』とは全く異なることを説いているため、彼らの所謂『キリストの十字架』という言葉と区別するためにのみ、私は『神の痛み』という言葉を用いねばならぬ」。

「われらが戦うべき唯一の敵は、福音から（そして神学から）キリストの十字架を締め出そうとする一切の企てである」

だが、キリストの十字架がいかなる意味に用いられているのかを彼は衝撃をもって知らされる。バルト神学においてキリストは「神が主たること――神が一切の人間的肯定と否定との彼岸にあること」への例証である。キリストは単に神の例証に過ぎないのだ。バルトはさらにいう。「キリストは常に所有者としてとどまり、決して所有されるものとはなり給わない」のである。キリストの死は神の愛がいかに「自己犠牲的」な愛であるかを示すものであるかを示すものである。神の愛はキリストの死なくしては「罪人への愛」となり得ないのか。前者の答えはキリストは例証となる。キリスト中心主義をとりながら彼にとってキリストは単に例証に他ならない。この点はシュライエルマッハーにおいても同じで、彼もまたキリスト中心主義である。北森はシュライエルマッハーがキリストを説くがゆえにこそ、キリストへの裏切りであることを問題視した。シュライエルマッハーに蔽えるキリストが聖書の告示するキリストと、その占める位置と全く異なることが問題であった。その神学がキリスト中心主義的神学であったがゆえにこそ、彼は糾弾されなければならないと思った。つまり、シュライエルマッハーにおいてはキリストは人間と神をつなぐ仲保媒介者である。ただそれだけである。父なる神は厳然と天上におり、十字架において死なれた人間イエスは地上における人間と天上に在る神をつなぐ単なる仲保媒介者であり、教会の天上にある光輝く父なる神より離れて教会の真ん中にぶら下げられた十字架に象徴される死せるキリストなのである。

北森は心の中で叫ぶ。――真に問題なのは主義そのものであるよりも、「福音主義」の中に潜入している近代主義である――このように切迫した状態を痛感しながらもなお彼は「神の痛み」を自分の考えから遠ざけ、それに目をそむけるように努力した。神は人間によって支えられることを嫌い、福音もまた人間によって支えられることを拒絶する！

バルトを崇拝する神学生であった北森はバルトの説く「キリストは常に所有者としてとどまり」という言説が彼を「神の痛み」から遠ざけることを強要する唯一の要因であることを知らない。しかし北森はなおも聖書の中に随所に現れる「痛み（ハーマー）」という言葉に拘泥した。神の痛みを忘れ放棄しようと決心しながらなおも聖書の中に神の痛みを表す言葉を探し出す彼の熱烈な努力にはキリストと神の間に存在する愛の本質を見定めようとする潜在的な意図が濃厚であった。神は愛する独り子を十字架に高く挙げられた。それは罪びとである人間を愛するがゆえであった。神の独り子はただそれだけのことで死んだのか。人身御供、犠牲の山羊、神への捧げもの、神は独り子を食する恐るべき人食いサメのごとき存在であるのか。後の彼は日本人特有の感覚で歌舞伎の中に現れる伊達騒動を題材にした『先代萩』の例を挙げて親の切実な痛む愛を説明するようになった。

いかに伊達家を守るためとはいえ、世継ぎの毒見役になった息子を死なせた親の心の痛む愛は罪人を救済するために独り子を十字架の上に高く挙げた神の心（腸）の痛みと同質のものと言えるのか。『先代萩』におけるわが子を犠牲にしてまで主君を守るという筋書きは、まさに神が独り子を十字架上に死なしめた神の心の痛みと同質ではないのか。

江戸時代に盛んであった朱子学の教えでは、親は痛みつつ我が子を差し出すことをいとわないという日本人の魂が生きている。北森は歌舞伎や浄瑠璃など日本の芸能文化を好んだ。しかし、日本のキリスト教では、いかに伝道に力を入れても西洋一辺倒では日本人にキリスト教が広まらない。後に『神の痛みの神学』が戦後の日本においてベストセラーになった事情は日本人の心が愛する子を死なせなければならない者の、のっぴきならない事情に心を痛め共感するところがあったからに違いない。

彼は「神の痛み」から離れて「キリストの十字架」のみを考えると宣言しながらも、なお文語訳の聖書の中に「腸（はらわた）」痛むの語彙を探し続けていた。

六月一五日の日記には次のような文章を綴っている。

「『ハームー・メアーイ』（エレミヤ記三一・二〇）。神言い給う、『わが心痛む』神言い給う。『わが心痛む』！　神が痛みたもう！　痛み給う神！　我らはこの言葉がいかなることを意味するのか見きわめえない。然しながら我らは知る、この神こそ聖書の神であることを。この神こそ我らの神であることを。神は『手に槍を持って』叛逆するものを愛したもう。而して、この瞬間、神言いたもう。『我が腸は鳴り響く』（ハームー・メアーイ）と。『神の切なる愛』（イザヤ六三・一五）とは『神の腸が鳴り響く』（ヘモーン・メエイカー）である。而して『腸が鳴り響く』とは『心痛む』の意である。痛み給う神！　この神が御独り子を十字架につけたまいし神である。而して我らは、この神以外にはいかなる神をも知ってはならぬ。また知ろうとはしない！（メアイームとハーマーとの結合が、『心痛む』の意となることについては、なおイザヤ十六・十一。エレミヤ四八・三六）」

このように彼は「神の痛み」を遠ざけながら、無意識にそっと聖書の御言葉の中から「痛む」という御言葉を探り出し論証しようとしているのであった。「神の痛み」を遠ざけながらなお「神の痛み」を求める彼のシニカルな心情は、彼独特の方法によって「神の痛み」を論証しようとする意図が明確に記されていたのである。

この年の秋ごろから彼は卒業論文に取り組み始めた。その時さらに新たな神学上の問題が彼を苦しめることになった。それは、これまで「神の痛み」を決して用いずに「キリストの十字架」のみを論ずるという決心がどうしても彼の論旨からはみ出してしまうことであった。それは、これまではキリストの十字架の問題だけで「神の義」を求めるというキリスト中心的和解秩序であったが、聖書では救済秩序となっている。救済秩序は二つの秩序において具体的に語られる。すなわち、「不幸の解決」と「聖霊による潔め」の問題である。「ヤコブの手紙」において聖書には人間の救いについて語るのは使徒パウロではなく神ご自身である。聖書がパウロの言葉によって整合的に形造られていたのなら、その箇所で神が語る余地がなくなったであろう。ヤコブは聖書の整合性を破ったのである。これまで触れてきた一つの問題とは神のみが神であって、何物も神と同一線上で語ってはいけないということである。聖書の中で語っているのは神ご自身であってパウロではないことがヤコブ書の記録にある。これがまた、新たな問題として示されたのである。それは神学的に言えば和解秩序に対する救済秩序（聖化秩序）の固有性である。

だが彼はヤコブのこの新たな問題を「聖書の整合性を破る」ものとして受け取っている。ともかく彼は卒業論文「キリストに於ける神の認識」をその年の一二月二五日（クリスマス）に脱稿した。巻頭にマルコによる福音書第九章一節「然らば人の子に付き、多くの苦難を受け、かつ蔑せられる事の録されたるは何ぞや」（文語体）、ルターの「十字架につけられ給いしキリストの中にこそ真の神学と神認識とがある」が記されている。

後にこの卒業論文を読んだ後輩の松本原始は次のような手紙を書いた。これは北森にとって自分の卒業論文が福音を宣べ伝える使命を成就した最初の伝道であると思った。彼はこの感動的な書簡によって自らの歩む道をさらに強化されたのである。

松本原始の手紙の全文を記す。

「こんなことは何だか感情的になるようで実はいうのは嫌なのですが、そして口には実際出しえないのですが、書けるから書きます。僕のダマスコ途上は予科二年の春でした。その原因は、聖霊の導きのもとにおけるあなたでした。あなたに導かれ、（I兄の言葉を借りれば、あなたの衷とまわりに漂っている聖なるもの）によって無意識の魂の中に準備され、あなたの信仰告白（あなたの論文中の大部分をこう呼びたいのですが、またあなたはすべてをこの出発点からなさっているでしょうが）、特に激烈なる福音として言っていらっしゃった処、十字架が感激的な場面や愛の具象化という如きものでなく、ここに起こっていることは神の痛みである、神の意志を行うべきことを命令されし神ご自身が神の意志を踏みにじった人間を愛していたもうことである、しかし注意せよ！　この神は十字架にかかっていたもう、この事実が福音である！　このような点、何度かぶつかりましたが、僕はしーんとして全霊全身が緊張して涙が止まりませんでした。宇宙が進行を止めたような感じ、神を見たと感じました。これは言葉を要しない祈りであり礼拝であると、神の声を聴きつつあり神を賛美し感謝しつつあると感じました。ダマスコ途上の光が、復活の主の栄光が、この時僕を地に倒し、僕は回心したのです。その時からイエス・キリストは、主は僕の魂の最高最愛の主であり、僕の魂の所有者であり、したがってあなたの論文、あなたはキリストの栄光の光を帯びて記憶されたのです。あなたを想う時、あなたについて語るとき、あなたと話すとき、僕はあなたの中にいたもう主をいつも感じ、いつも苦心しないで見ることが出来るのです。これは感謝です。僕は学問自体を尊敬しません。唯あなたの学問的鋭さが信仰の深さそのものであることを尊いと思います。僕はあなたを慕うのではありません。あなたの衷になってい、またなりつつある主の姿を慕うのです」。

このような盲目的ともいうべき熱情を自分の書いたものから看守し得る感性の鋭さに彼は感動した。主の栄光が自分を取り巻き、周囲に希望の光を与えることのできる自分自身に感動さえもした。厳粛な歓喜ともいうべきものが身内を駆け抜け、一人の若き魂の感動が自分自身のことのように感じられた。

北森自身の中に実存する主の栄光自身が、かくまで決定的な位置にあることを読み聞かされ愕然となった。この卒論は数年後に『神の痛みの神学』という書物となって敗戦後の日本人の魂を揺るがし、霊的枯渇状態にあった人々の慰めと励まし、キリスト教への深い関心と信仰をもたらす書物となったのである。松本原始は神学校を卒業すると同時に兵隊に徴用され、幹部候補生として任官したのち満州に駐屯した。内地に一時的に帰還し、結婚して夫人を伴い再度満州にわたったが、後にフィリピン戦線に転出を命じられ輸送船で移動中アメリカ軍の魚雷に撃たれて船もろとも沈没した。

一〇　「主よ　あなたの愛を宣べ伝えるために、僕《しもべ》に命をお与えください」

このような葛藤を経て一九三八年を迎えた。この年は彼がルーテル神学専門学校を卒業する年である。年頭の自分へのメッセージは「過ぎし年は、『キリストの十字架のほかには何をも知るまじ』であらんことをこいねがった。願わくばこの新しき年以後は、『キリストの十字架の外には何をも説くまじ』であらんことを！」（『神学的自伝Ⅱ』八二頁）。

その頃彼は極めて印象的な人物に出会っている。井出尚彦という人物である。彼は佐賀県の出身で、第五高等学校で彼の一級上であった。彼は北森よりも早くキリスト教信仰を得て、ルーテル教会で受洗していた。だが、彼は一年先輩の井出尚彦とはほとんど交際したことはなかった。井出尚彦は五高卒業と同時に京都帝国大学文学部部哲学科に入学した。しかし、悪性の盲腸炎に罹患し、手術の後遺症で京大を中退し、数年間静養して後、北森よりも一年遅れてルーテル神学校に入学した。五高の時は一年先輩だった彼は今や神学校では北森よりも一年後輩となった。なぜ北森は井出尚彦に興味を持ったかと言えば、それは井出尚彦と議論するうちに次第に明らかになってきたのは、聖書の中に十字架の真理に対して排他的な部分があるということである。すなわち、マタイによる福音書一三章節四五～四六節の御言葉である。「また、天の国は次のようにたとえられる。商人が良い真珠を探している。高価な真珠を一つ見つけると、出かけて行って持ち物をすっかり売り払い、それを買う」。

十字架よりも天国について真摯に考える。すべてのものを投げ捨て無一文になって高価な真珠を買う、すなわち天国へ行く。これが井出の真摯な願望であり、キリスト教に対する認識であった。それを語る井出の頬は輝き、その眼は無垢な子供のように澄み渡り、北森はなぜか呆然としてそんな彼を見つめた。これは彼にとって「驚異であると同時に脅威でもあった」。「天国」や「神の国」はキリスト教の本質であり、それらを「聖化」することによって「キリスト教の本質」となすということは、A・フォン・ハルナックの言説である。井出はそのようなハルナック流のキリスト教解釈を強調し北森の前で率直に「ルターは嫌いだ」と叫んだ。ルーテル教会で受洗した彼が「世界中で一番嫌いなのはルターだ」と叫んだのである。そんな彼を見て北森は驚愕し、呆然と彼の熱を帯びた表情を見つめた。ルターが嫌いなのになぜルーテル神学校に入学したのだろう。是も不思議な話だが、彼が「天国」を強調してキリスト教の本質としたのは「生けるキリスト」であった。「十字架のキリスト」よりも「生けるキリスト」を強調することはキリストの十字架の存在を否定することでもあった。つまり、近代神学のシュライエルマッハーが「生けるキリスト」を強調するのと同じではないか。「十字架のキリスト」は井出にとってなくてもよいものなのか。それは「神の痛みに基礎づけられし愛」の全面否定である。井出尚彦という特異な存在によって北森の神学はなお一層深められてゆく。だが、キリスト論に対する他者的な現実としてのヤコブ書的なものを、ルターの基本線を貫いたままで正しく位置づけることは、二二歳の神学生にとっては手に余る課題であった。それゆえに、「神の痛みに基礎づけられし愛」という概念が必要だったのである。ルターを指導したヨハン・フォン・シュタウピッツはルターの信仰義認の教理は聖化を力説する時以外にはこの教理を語らなかったといわれる。

敬虔主義にとって信仰義認やキリストの十字架は迷惑な遺産である。敬虔主義はルター教会において次第に信仰義認の教理が固定化し生気を失いかけた時、教会内部において一つの突破口として掲げられた概念で、「聖化」による生活の核心を強調することであった。だが、敬虔主義が強調した「聖化」はキリスト論的信仰義認の信仰を犠牲にすることになるではないか。このことに気付かされた彼らは信仰義認を徹底させる必要があった。

最終的に井出尚彦は北森との神学論争において、ついにキリストの十字架を神の能力として受け入れることになったが、北森にとってそれは最高の喜びであった。

二月のはじめ北森は倉田百三の『祖国への愛と認識』という書物を読んだ。支那事変が本格的な戦争に発展しつつある気配があったころである。すでに北森は倉田百三の「愛と認識との出発」という書物を読んで倉田百三のファンになっていた。この書物には「愛と認識」という観点から書かれた祖国愛を描き、倉田の信仰する大乗仏教の思想である日本主義が述べられていた。しかし、これは軍国主義盛んな日本の国家主義とは異なったものである。北森のテーゼに倉田百三の大乗的生命主義ではなく、「神の愛」がすべての罪悪や不従順とに打ち勝っていくというものであった。倉田百三の宗教には神の愛がない。キリストの十字架がない。

十字架に高く挙げられて罪人として死んだキリストへの父なる神の痛む愛がない。

北森は倉田百三の猛烈な愛読者である。宗教家として救国の境地に立つ大乗的生命主義に彼は恐れおののいた。戦争の気配はあわただしくその足音を忍ばせ目の前に迫ってくる。まさに北森は「神の痛みに基礎づけられし愛」なしには到底この状況から脱却することができなかったのである。罪人を包む神の愛が痛みの性格を有するということは、それが罪人の現実を肯定し放任することではなく、その現実と戦い、それを現実的に克服し変革してゆく愛こそ父なる神の愛であることの証明となる。

いよいよ三月になって彼は一九歳から二二歳の四年間学んだルーテル神学専門学校を卒業する時が近づいてきた。「主よ、あなたの愛を宣べ伝えるために、僕《しもべ》に命をお与えください。三月一九日、今日を以って神学校の課業を終わる」。

この時代はまさに「生命を与えたまえ」と祈ることは切実な問題であった。

戦争の足音は次第に高まりつつあり、まさに「命」を与えたまえと祈るのは切実な訴えでもあった。与えられる「生命」には奇跡的とさえ思える気配があったのだ。それゆえに、北森は神学校でキリスト教神学を学び、神の痛みの愛を宣べ伝えるために生命を与えたまえと祈るその心境は切実であった。生物的本能というよりも神の痛みの愛を宣べ伝えたいという切実な祈りが込められていた。卒業式の翌日、彼は神学校最後の日記に「われにとりて生くるはキリストなり。三月二十五日　昨日を以って神学校を卒業す」と記されている。彼がこの神学校に何よりも感謝しなければならないのは「自分で考える」ということを終始一貫した教育とその実践であった。

彼が自分の考えた思想に頑固なまでに固執するのは、その成果が予感される瞬間があったからである。彼は多くの書物を読み、聖書を丹念に読み、自分自身が考えた「神の痛みに基礎づけられし愛」を手に熾烈な現実と戦う場へと駆り出されてゆく。

第三章　京都帝国大学時代

一　京都帝国大学文学部哲学科

昭和一三年四月、北森嘉蔵は日本ルーテル神学専門学校教授三浦豕《いのこ》の強い勧めで京都帝国大学文学部哲学科に入学することになった。芦屋伝道所の牧師が日支事変に出征して留守であったため留守番を兼ねてそこに居住し、芦屋から京都へ通うことになるが、伝道所の牧師を兼務することが条件であった。これはかなりハードな道程であった。早朝に家を出て、夜の九時頃に帰宅した。電車やバスにのっている時間が長かったが、その間、かれはたくさんの書物を読むことができた。

四月初めに彼は熊本から家族を呼び寄せ芦屋に移住した。関西方面の空気には慣れていなかったが、芦屋は例外的に都会の混雑を全く感じさせない自然の風景に恵まれていた。山や海に囲まれた芦屋の町は美しかった。

彼は痛感する。もしルター研究者であった佐藤繁彦教授の書物に触れていなければ、いまだに受洗することを躊躇し、「あれか、これか」と迷いつづけ、挙げ句の果てに東京帝国大学文学部言語学科に入学していただろう。これもまた神の摂理といいうるものなのだろうか。人と人との巡りあわせには人知では測りがたいものがある。彼は感慨深く京都大学の広大な敷地を巡り歩いた。

神学校では京大出身の哲学教授であった竹下直之の哲学史の講義を受けた。竹下教授の哲学史ではギリシャ哲学の醍醐味を学んだ。彼は今後の方針を決める進路指導の先生は竹下教授であろうと漠然と思っていたので、頻繁に竹下教授のお宅に出入りするようになっていた。当時の竹下教授はかなり厳しくあまり人と接触するのを好まないような傾向にあったが、しかし北森の相談には親身になって対応してくれた。その頃、北森は佐藤繁彦教授が京大で学位を取得したことを竹下教授から知らされていた。

すでに述べたように、次第に入学願書提出の日が近づいてきたとき、また一つの報道が耳に入った。佐藤教授が重い病気に侵されたという哀しい事実である。それによって佐藤教授が京都大学へ移籍することが全く考えられなくなった。となれば、一刻も早く、神学校に進路を切り替え、一日も早く佐藤教授に多くを学びたかった。病を得た佐藤教授であっても長く生きながらえるかもしれない。それのみを祈りながら彼はルーテル神学校への入学願書を書き終えたのである。

だが、入学式が終わって新入生歓迎会の席上で佐藤教授の訃報に接したのであるから、彼は指導教授を失ってしまった。神学校で学ぶ意義があるのだろうかと彼は自問自答した。神学校で学ぶことを中止して東京大学で言語学を学びなおすべきが妥当ではあるまいか。しかし、彼の内なる強固な信念は佐藤教授なしでも神学を究めようとする強い意志に満たされていた。彼はそこに四年間踏みとどまり、卒後論文を書き上げ、そこで独自の神学を携えて、三浦教授のすすめで京都大学の哲学科へ入学したのである。

大学というところは自分で考えるというような場ではなかった。すでに自らの理論を携えて入学してきた者の来るところではなかった。しかも京都大学哲学科には強固な岩が存在した。それは容易には打ち砕くことのできない岩石であった。福音において既にみたもの、神の痛みの神学が彼の内に強烈な確信をもたらしていなければ、彼は大学の講義から斬新な哲学思想体系を学ぶことに喜びを見出したであろう。しかし、彼がこの広大な大学の校舎で学んだ哲学は彼の理論を一層強固にする土壌を与えたのである。彼は西洋哲学の弁証法を徹底的に学び、京都学派の大御所、西田幾多郎のより一層日本的なもの、禅という無の思想、「私」を滅して「無」へ向かうという西洋にはない日本的精神を体得したのである。西田哲学によって彼の神学はより研ぎ澄まされ洗練されていった。

二　京都学派の大御所　西田幾多郎と田辺元

北森嘉蔵は熊本の第五高等学校時代に西田幾多郎の著書を本屋で立ち読みして覚えているのは「無の自覚的限定」（『西田幾多郎全集』第六巻）や「一般者の自覚的限定」（第五巻）である。この分厚い書物の文字を目でちらちら追うだけで、そこに書かれている哲学思想を理解することは高校生にとって不可能に近かった。西田幾多郎という立派な哲学者が京都帝国大学に存在しているのだということを知っただけである。四年間の神学校時代はほとんど日本の哲学に関心がなかった。もっぱら神学に集中し外国の神学者の著作を耽読するだけであった。キリスト教神学において、「日本の哲学の多くは仏教や神道の思想がその根底にある」と彼は漠然と思っていた。北森が京大に進学した昭和一三年にはすでに西田幾多郎は大学を定年退職し、その後継者として田辺元が抜擢されていた。当時、彼は西田哲学と田辺哲学の相違を知る由もなかった。

彼が初めて哲学に接したのは田辺元の「哲学概論」の講義で、「思想する」とはいかなることかを学んだのである。

田辺元は西田幾多郎より一五歳若く、その出自は教育者・学者一族で父は開成中学の校長を務めた人である。彼は府立四中（現在の戸山高校）から第一高等学校理科に進学し首席で卒業した後、東京帝国大学理科数学科に入学した秀才である。

数学科から即時に「自己の内心の抑えがたい要求」によって、文科哲学科に転科して卒業する。「私の希求するところは真実の外にはない」という田辺の座右の銘ともいうべき一句が示すように、田辺元の生活信条は真実を追究することにあり、日々の生活においても真摯に学問する態度を崩すことなく徹底して骨の髄まで哲学者であった。一九一〇年、東京大学より「数理哲学研究」で学位をえて、一九一九年に西田幾多郎の後継者になるべく京都帝国大学文学部の助教授に就任する。数理哲学という文学部には珍しい理数系の人材が西田幾多郎の目に留まり、自分の後継者とするために西田は動いたのだ。西田の胸中には数理的なものへの関心が根強く残っていたのではないかと思われる。西田は金沢の四高時代に数学者北条時敬に私淑し、彼から数学を専攻するようにと示唆された。しかし彼は哲学を専攻したが、彼の中には数学に対するある種の拘りあった。

後に東京大学教授で数学を教えていた末綱恕一の『数学と数学史』を読み、「哲学的知識の該博と理解」に敬服し、このような頭脳でさらに深くすぐれた数学を究めるべき人材であると末綱を高く評価していた。後年、田辺は「数学と哲学との間を行くという、あまり多くの人の歩まない道を歩むように運命づけられた」（『数理の歴史主義的転回』一九五五）ということを書いているが、その意味で彼は非常に特異な哲学者であった。彼はまた、それゆえに、西田の意向を汲むべき逸材であり、西田の後継者に最もふさわしい人材であったのである。そこに北森嘉蔵の神学が絡んでくる。

北森の指導教授は田辺元であった。すでに述べたように、西田幾多郎は北森が入学したその時はすでに大学を定年退職しており、田辺元が教授として「西田哲学」を継承していた。一九二二年に田辺はドイツに留学してフッサールやハイデッガーとの交流を密にし、特にハイデッガーには個人教授を依頼し交友を深め、のちにハイデッガーの著書である『存在と時間』を日本に紹介した最初の哲学者である。後にフライブルグ大学から名誉博士の学位を授与された。ハイデッガーがナチズムに汚染される前に「死の哲学」を徹底的に学んだ。彼は「死と復活」というキリスト教のテーゼを田辺哲学弁証法で説明している。

また、田辺は『アララギ』に短歌を投稿し、フランスの詩人ヴァレリーやマラルメの研究に没頭したりした。田辺の後任になる哲学者西谷啓治が田辺を称して、運命や偶然を「禅の公案と解しても不当ではあるまい」という的確な論評を俟つまでもなく、田辺はフランス象徴派の詩人に傾倒していた。彼の最後の著書は一九六一年に上梓された『マラルメ覚書』である。その一年後に田辺は脳軟化症で死去した。

留学前の論文はもっぱら数理科学的哲学に集中していたが、留学後はカント哲学の目的論やヘーゲルの弁証法を学び、その結果、田辺は弁証法を自分の理論に組み入れ独自の田辺弁証法を披瀝し、西田哲学を厳しく批判し始める。終戦後はハイデッガーを批判し、自分自身は長野県北軽井沢の大学村に隠遁し「懺悔道の哲学」を構築する。彼の大学での最終講義は「懺悔道」であった。一九四六年『懺悔道としての哲学』を岩波書店から上梓。ここに念のために言っておくが、田辺が多くの学生たちを戦争によって奪われその悲嘆の末にこのような哲学を構築したわけではない。彼が後に発表した「死と復活の哲学」の内容を見ると、戦争という政治的な死は「懺悔道」の哲学とは無縁である。

田辺の『懺悔道としての哲学』の序文には次のようなことが書かれている。「……私を私の懺悔に於いて向け変え、新しく再出発させた他力が私をしてそれを行ぜしめるのである。……これは懺悔道Mtanoetikというべきものであって、正に他力哲学である」（一九四四）。ここにおいて、従来の理性的哲学は自力哲学とみなされ、「哲学ならぬ哲学」としての「懺悔道」が他力哲学として説かれている。北森は考える。田辺哲学はその長い旅路の果てに、矛盾する者の「間」において生きてきたが、今やその「間」における哲学の営みが霧散し無に帰し、その死滅の無の後に新しい哲学として復活したと言えるのではないのか。

北森嘉蔵が京都帝国大学文学部哲学科に入学した当時田辺元は五三歳の成熟した哲学者であり、彼の講義は北森にとって極めて模範的な哲学の講義で理解しやすかった。彼は哲学思想の全体像を田辺元から学んでいる。京都大学と言えば西田幾多郎の哲学が大勢を占めていると思っていた彼は、西田哲学と田辺哲学は全く同じものであると思っていた。彼は西田哲学の基本を学びたいと思っていたが、彼が入学した当時はすでの西田幾多郎は大学を退官しており、その後継者が田辺元であったから、彼は田辺が西田の直弟子であり、田辺哲学は西田哲学であると思い込んでいた。しかし、後に彼は両者は全く異なる哲学思想であることを知るようになる。

北森が退官した西田幾多郎と会ったのは、京都大学学友会主催の月曜講義で西田の講義を聴いた時である。たまに、北森は西田幾多郎を大島紬の着物に羽織袴の姿で散歩しているのをちらりと垣間見た。そんな姿を見るだけでも心たのしい彼は、この大学の哲学科で学問できる至福の時を楽しみ、西田名誉教授の講義がある月曜日の学友会の月曜講義を大変期待して待ち望んだ。講義室は学生たちであふれかえったが、彼らはもっぱら西田の講義を聴くというよりも西田名誉教授の姿を一目見ようとする願望の方が強かった。彼もまた同じであったが、西田の講義も熱心に聴講した。しかし西田哲学は聴いて理解するにはきわめて難解な講義であった。

だが、当時の時勢を考えればわかることだが、西田幾多郎の講義それ自体の内容は問題を含むものであった。北森の記憶の中に存在する西田幾多郎の講義の一部を拾い上げてみると次のようになる。月曜講義の内容はかなり問題を持っていたことは後日出版された『日本文化の問題』に看取される。たとえば「何千年来皇室を中心にして生成発展してきた我が国文科の跡を顧みるに、それは全体的一と個物的多との矛盾的自己同一として、作られたものから作るものへと、どこまでも作ると言うにあった」、「皇室といわれるものが矛盾的自己同一的世界とし、過去未来を包む永遠の今として、われわれがどこまでもそこからそこへと辿るというのだが、万民輔翼の思想でなければならない。故にわが国民の道徳というのは、歴史的世界の建設ということでなければならない。我々がどこまでも自己自身を捨てて、われわれの自己がそこからそこへとして歴史的世界の建設に奉仕するということ、どこまでも作られたものから作るものへと歴史的世界の建設者となるということが、国民道徳の精華であった」（学友会講義の一部）。

この当時、西田哲学もまた文字通り「絶対矛盾」の現実に直面していた。それが「自己同一」によって統一されるには、どのような道程を経なければならなかったのか。この問題は哲学にとってだけでなく、キリスト教神学にとっても重大となる問題であった。

すでに歴史が語るように西田哲学は戦争責任を問われた。今日、期せずして西田没後七〇年、戦後七〇年の年である。それは、西田幾多郎の弟子に近衛文磨（首相）がいたり、西田の多くの弟子たちが戦争の意味付けに積極的であったためである。だが、西田自身が大東亜戦争に積極的に動いたためしはない。ここで重要なのは、戦争をする限りアングロ・サクソン人の文化や思想に対する日本の文化や思想の相違を明確にしなければならないということであった。しかし、西田は日本の敗戦を知ることなしに没した。彼が没したのは天皇の玉音放送が流れる以前の六月七日であった。西田はその年の四月に弟子にあてて次のようなことを言っている。「日本が今日の困難に陥ったのも、ただ武力を頼もうとした政治家に深い思想がなかったからだ。国は道義と文化に基礎を置かねばならない。一時の時世に惑わされて、この根本的な原則を間違ってはならない。文化と道義さえ保てば、仮に戦争に負けることがあっても、また再起できるであろう」。

佐伯啓思（生命哲学者）は言う。「西田のような志を持った学術が日本の敗戦とともに潰え去ったとすれば、戦後七〇年とは日本の文化的敗戦というほかない」。

田辺は敗戦直前、一九四五年三月に京都帝国大学を定年により退官して、北軽井沢に疎開しそのまま軽井沢に定住した。青年・学生を戦地へ発たせながら、戦後そこに見出される矛盾を自力哲学への懺悔を持ってはたして責任解除されるものかと、進歩的文化人が田辺哲学に痛烈な批判をしたが、はたしてこのような批判が田辺の「懺悔」といわれる哲学に該当するだろうか。彼の懺悔道の哲学と戦争とは無関係である。この部分を注意しなければならない。戦争責任が自力的理性の弁証によっては到底解除されないからこそ、「他力」が必要とされるのである。

ここに田辺哲学における宗教を取り上げなければならない。田辺の宗教遍歴はまず道元の「禅」の立場から親鸞の真宗へ転じ、さらにキリスト教の「福音信仰」へとさまよった。ここに至って他力すなわち他者である救い主への信仰は極まったかのごとく見える。しかし、その時も他者である救い主への信仰は「客観的救済」の「観念論」（『キリスト教の弁証』一九四八）として排除され、むしろキリストに倣いて彼とともに十字架を背負う「自己否定的現生棄絶の実践」という自力的なものが強調された。結局、懺悔道や他力宗教や福音信仰が説かれてはいるものの、田辺哲学は宗教が本来持っている他力信仰には至らず、自らの行為や思想の変遷に「真実」を究めようとしてそれを見失い、さまざまに矛盾するものの「間」における思索の軌跡に他ならなかったというべきかもしれない。

後になって北森はこの観点から田辺哲学をさらに深く吟味検討する必要があると示唆している。キリスト教と仏教の間、キリスト教とマルキシズムの間、マルキシズムと仏教の間という三者関係の間に存在する関係概念を明確にすることによって現代の宗教の本来あるべき姿が見えてくるのではないかと問うのである。

三　キリスト教的弁証法

北森は神学の思想体系の中にも哲学思想のような弁証法を用いて考えることが重要であると思った。いわばキリスト教的弁証法である。そもそも弁証法とは、「ソクラテスの対話」にあるように、ある命題とそれと矛盾する命題、それらを本質的に結合した三つ対立する命題をアウフヘーベン（止揚）することによって成り立つと考える哲学的方法論である。例えば、自己統一と自己疎外という二つの対立する命題があるとしよう。それを統合するために何らかの統合概念的命題が必要となる。ここに矛盾した命題が多々存在する人間社会の中で、それを弁証法的に解決してゆく方法がにわかに現実味を帯びてきた。西田幾多郎の「絶対矛盾的自己同一」という仏教の根本原則、「相即の原理」が北森神学の中に介入してくる。異質の統一という原理をキリスト教神学の中にいかに導入するべきなのか。

ここにおいて、北森が哲学を学んで最も有意義であったキリスト教的弁証法は、彼の神学をさらに深いものにするために必要な方法論となった。

キリスト教的パラドックスは次のように語られる。神は愛である。しかしその愛はすべての罪人を許すために苦悩する愛である。さながら、親が子供のために命を投げ出す愛と同じ要素を持つ。神は独り子の命を十字架に差し出すほどに人間を愛された。キリスト教的パラドックスとは「人を愛するとは自分の命と引き換えにするほどの苦悩を伴う」ことである。このパラドックスは心理学的に見ればマゾヒズムと同じである。神学において心理学が忌み嫌われるゆえんは、崇高な愛の形を異常性欲に近似させることにある。「神は自分の独り子を十字架の上で死なしめるほどに人を愛された」に象徴される神の愛の中にどれほどの苦悩や痛みが存在するのか人の想像力を超えるところであろう。しかし、ギリシャ的神はいかなる想像力を駆使したところで想像の枠外にある存在でなければならなかった。神は人間のために傷ついたり痛んだりしない。神が痛むなぞは人間の考える形而下での話であって、神学上の問題の外にあるという主張は「神の痛みの神学」を提唱する北森の最大の敵であった。ギリシャ的神概念は「神は人間のように痛み苦しむ」などの状況からは隔絶されている。こうしたキリスト教的パラドックスをいかにして信仰の対象にするのか、キリスト教のキリスト教たる所以である。キリストなしのキリスト教にはどんな意味もない。キリストの十字架について語ることなしに神の愛を語ることができるだろうか。この時点で北森はバルトに迫る。真の問題はバルトから始まるからである。「バルトが神を語る瞬間、それだけますます十字架について語らないことが致命的な問題となる。十字架について語ることなしに神について語ることができるであろうか」。ルターは十字架につけられたキリストの中にこそ、真の神認識があるという。バルトは「啓示は和解と称する」という。バルトが言うようなことはルターもパウロも決して言わなかった。これはまさに父なる神が先に語られるべきか、子なるキリストが先に語られるべきかという二者択一の問題である。後に「十字架の神学」と呼ばれるようになった北森神学は、十字架上で屠られたキリストを悼む神の愛こそ、キリスト教的愛の本質であると言えるのではあるまいか。

彼は西田哲学弁証法の「個物的限定即一般的限定」という論理構造に心酔しその思想の美しさを感得して魅せられた。そこで、次第に自己の持つ神学的テーゼ「神の痛みの神学」をこの弁証法に敷衍しようとした。すなわち、「神学的公理即神学的現実態」「神学的現実態即神学的公理」としての「神の痛みに基礎づけられし愛」をさらに明確にしてゆこうとした。それはまた、「神の言」全体への従順というバルト神学の主題と出会うことによって、それをルター的な「十字架の言のみ」「信仰のみ」の主題とどのように弁証法的に関係づけるかという課題として残された。

北森神学は西田哲学や田辺哲学の影響を受け、福音の真理の基盤をさらに盤石なものにしてゆくことになる。

四　京都大学宗教学教室

北森が京大へ入学した時の宗教学は波多野精一が担当していた。波多野が退官後、後継者となったのは西谷啓治助教授である。しかし、北森が「宗教学」を学んだ時、西谷啓治はドイツに留学中であり、仏教学の久松真一助教授が宗教学概論を受け持っていた。久松助教授は禅、しかも臨済禅の立場で、キリスト教や浄土宗系の仏教を鋭く分析された講義をしていた。そこで、北森は「東洋的一」と呼ばれた思想と取り組むことになった。キリスト教はそこにおいては、「西洋的二」と呼ばれた。従来の北森は「西洋的二」であるキリスト教的思想を再考する立場に立たされ、いやおうもなく神学の側で自己反省する機会となった。久松助教授の講義は北森に「思想の美しさ」を感じさせるほど繊細な講義であった。それは、久松助教授が立つ臨済宗から出ているものと感得した。道元が同じ禅宗とはいえ、曹洞宗の立場から臨済宗を手ひどく批判したのは、この美的性格の故ではないかと北森は思った。同じ禅宗でありながら臨済宗と曹洞宗に分かれたのはなぜであったのか。ありていに言えば、臨済宗の教えは座禅の修業を行うことで仏陀の悟りに直結するという考えで本尊は一定していない。これが臨済宗の大きな特徴となっている。曹洞宗は無常を感じ、我執を離れて心身放下し、ただひたすら座禅することがまず求められた。焼香や礼拝などする必要はなく、心身を調和させてただちに仏を受け入れることを説き、精神を統一して種々の思慮を絶ち、心身を安定させる自己と大宇宙の物心一如、心身一体のあるがままの在り方を奨励する。曹洞宗は壁に向き合ってただひたすらに座禅し黙想することであり、臨済宗は座禅をするが、目的はあらゆる事象は全て如来の事実の知恵や慈悲の僧として、拝んでゆかなければならないという考えに基づいている。両者の思想は、座禅が共通したものであるが曹洞宗開祖道元はただひたすらあるがままに座禅に打ち込む姿勢を要求し、臨済宗は禅問答を重視し、難解で理不尽に思える問いかけをしながら矛盾に満ちた問題に取り組み悟りの道へと到達するという方法である。ありていに言えば、西田哲学が曹洞宗ならば、田辺哲学は臨済宗の悟りに通暁する思想哲学であると北森は考えた。その他、印象に残る仏教哲学概論は生きた仏陀の思想を羽渓了諦《はたにりょうたい》教授から教えられた。この種の授業から体得した知識は京都大学ならではの賜物と思った。

昭和一三年六月九日、北森は京大宗教学教室例会で「神学的公理と現実態」というタイトルで発題した。宗教学例会とはいえ事実はキリスト教徒の会であった。西谷助教授留学のために兼任講師として松村講師がドイツ神学、山谷講師は原始キリスト教をそれぞれ担当しており、北森は彼らの講義を熱心に受講した。この会には松村、山谷講師も出席しており「神の痛みに基礎づけられし愛」もついに彼らの前で語ることができたのである。

一〇月になって北森は「神学的公理即神学的現実態」という課題に取り組み始めた。ここにおいて神学的公理とはキリストの十字架（神の痛みに基礎づけられし愛）が神学的現実態としてのキリストの十字架の「痛み」と同一のものとなることによって福音の事実は、キリストの十字架とキリストの復活となるのである。死にてよみがえりたまいしキリストの身が真の主にして生命の主である。この論証はパウロによるコリント人への第一の手紙一五章一四節、「そして、キリストが復活しなかったのならばわたしたちの宣教は無駄であるし、あなたがたの信仰も無駄です」といわれているからである。このように福音の事実において、一切はキリストの復活にかかっているのである。

しかし、かくのごとき方法論の形成が盤石なものになるためには、日本における神学の方法論がこれまでの脆弱さから脱し、それがより良きものに展開するように努力しなければならなかった。多くの神学者は確実に欧米に留学し、そこで神学の博士号を取得してくる。特に敗戦後の日本人神学者は欧米諸国で学んだ神学を礼賛し、日本の文化を導入する神学には目もくれなかった。すでに述べたように佐伯啓思が嘆くのは日本は戦争に負けただけではなく、これがまさに日本文化の敗戦だからである。西田没後七〇年、終戦後七〇年、敗戦当時の日本は自国の文化を語ることさえ躊躇った。しかも、日本語という文字すらローマ字に変えられるところであった。これらは敗戦国の宿命であっただろう。必然的に日本的なものは排除され西欧風なものへの憧憬に転嫁してゆく様を西田はその眼で見ずにすんだ。現代は、日本の哲学、神学が注目され始めた。この時代は和食を好み、着物を着る外国人が増えてゆくにつれ、仏教回帰、更にはキリスト教も日本の風土から生み出されたものに推移してゆく可能性さえある。

この年の秋から北森は全力を挙げてバルトの『教会教義学』第一巻第Ⅱ部を熟読した。そこでバルトに対する批判を決定的にした一つの発見が与えられた。それは神中心のキリスト教神学だった。バルトによれば、宗教改革的根本信条は要するに恣意的行為であり、教会の信仰告白は、特定の時と事情においてなされるものに過ぎず、このような根本概念はどうでもその時々の都合で勝手に作られるということになる。北森はバルトの『教会教義学』下巻第Ⅱ部の九七四ページから九七六ページ（原書）までの個所がバルト神学の秘密を解くカギと考え、決してその箇所を受け入れることができなかった。要約すると、「……キリストは決して特殊的に、決して抽象的に、和解において考えられるべきではなく、全体の出来事の端に契機としての和解において考えられるべきである」、「神が神であり、神が主であるということは和解という働きへと解消されなければならない」となる。

バルトは和解の言に支えられてのみ、神の言全体への従順が可能になると考える。バルトは和解の言を全体の出来事の端に一契機として認める努力家であって、和解の言を「根本信条」と考えることは、神の言を勝手に支配する恣意的行為であるという。これはルター的な「信仰義認」の神学を根底から否定することであった。かくして、北森はバルト神学への徹底的な反論を「十字架に基礎づけられし神の痛む愛」によって反論を試み、バルト全盛時代であった当時の日本における神学界から反感を買い「神が痛むとはどういうことか。神は歯でも痛むというのかね」という皮肉まで漏れ出る始末であった。

バルトを批判することは、当時の神学界ではキリスト教を否定することと同義であったからである。

五　初めての葬儀司式

芦屋伝道所の客員信徒である柳瀬一家の小学校五年生の息子、柳瀬稔が急性肺炎に罹患して急逝した。北森はこの伝道所を預かる牧師としての責任を引き受けた関係上、この葬儀を無事に司式しなければならない義務を負っていた。

北森が京都大学に入学して四か月弱の六月二四日のことであった。これは北森にとっては青天霹靂の大役であった。葬儀の司式を執り行うことはよしとしても死者は小学生である。両親の嘆きはいかばかりか、いかに彼らを慰め励ますのか二二歳の経験不足で未熟な若僧には困難な問題であった。キリスト者は人の死を慰め励ますのは神の力によって可能となる。さらに、彼らがその神の愛に従い歩みながら愛と悲しみを実践しなければならない。しかし、これが彼にとっては難問であった。というのは柳瀬稔はまだ小学生でキリスト者としての信仰告白をしていない未信仰者である。教会の葬儀は本来はキリスト教信者を葬る式であり、死者の信仰によって成就すべきものである。いかに両親がキリスト者であろうとまだ未成熟な子供の死をそれと同等に扱うことに彼はいたく困惑した。はたして、この小さき者を天国へ送ることの意味は那辺にあるのかと考えまどった。だが、この問題は後に彼の著書『神の痛みの神学』に記載されている「神の痛みと倫理」で明白になる。すなわち、故人となったものの魂（しかも特にキリストを信ぜず、また信じえない者の魂）を神の懐に委ね得るのは、「神の痛みに基礎づけられし愛」の領域においてのみである。

だがその当時、彼は葬儀の実践を、しかも小学生の子どもの葬儀をいかにして行うか、失敗して遺族の勘気に触れるような事態を招かないように慎重に行うことだけを考えた。若年の牧師は厳粛な面持ちで「神の痛みに基礎づけられし愛」を主題にしながら、幼な子柳瀬稔の魂を神のもとへと送ったのであった。

六　京都大学の友人たち

京都大学文学部（1941年3月）後列中央：北森嘉蔵、前列右：武藤一雄、前列左：久山康

北森が京都大学で知り合った友人たちはユニークな人たちが多かったが、久山康、武藤一雄とは特に懇意となった。久山康は北森の一年先輩で田辺教授の講義以外には接触がなかったはずだが、彼の印象は北森の脳裏に強く焼き付いている。久山は北森の印象からすれば二律背反の性格、いわば二重人格的な二つの性格を持っている人物のように思われた。それは彼の目の中に潜む抗いがたい孤独と恐怖が垣間見られることであった。彼は久山が人生の底にある何かを見てしまったから、このような目の色になるのだと感じた。深山の湖水を連想させた。だがもう一つの側面は久山がきわめて毒舌家であるということであった。深山の湖水をたたえた孤高の目の持ち

主が、かくも猛々しく相手に立ち向かうとは到底思えなかった。一度喰らいついたら久山の口は決して相手を無事では帰さないという『蟒蛇』を連想させた。北森は一人の人間の顔に二つの相反する要素をとらえて、驚きながらまじまじと彼の口と目を交互に見詰めた。だが、もし久山康の目と口が相反する要素を持たなければ、彼は面白みのない凡庸な人間になってしまっただろうと思った。当時の久山康のキリスト教に対してとった態度は、目によって代表される部分と口によってキリスト教界を猛々しく毒づきながら北森に攻め寄る二つの部分に分かれていた。北森はすでにキリスト教をマスターした人間であり、哲学科の中では特異な存在でもあったから、久山の毒舌を一身に引き受けざるを得なかった。彼らは北白川の疏水のほとりを散策しながら語り合い、近くにあった進々堂というカフェでパンを食べコーヒーを飲みながら論争した。久山はコーヒーをすすりながら、北森をその毒舌で挑発した。この挑戦に応じながら、北森はふと奇妙な錯覚を覚えた。宗教論争でありながら、それは宗教論争とは畑違いの人生訓であったり、文学論であったりするのであった。久山とは一体どんな人間なのだろうかと彼は戸惑った。北森は一人になると先刻まで激しく論争していた久山の口とは裏腹に彼の目を思い出していた。そこにあふれているある種の透徹した深い人間観や人生訓のような言葉に滲み出ているのは、言葉に出して語ることのできない不思議な静謐をたたえた湖水の色合いであった。

武藤一雄は京大文学部哲学科に入学してきたのはすでに東京帝大の経済学部を卒業し、経済界でしばらく働いて後に、学士入学した人であったから普通の学生とは異なった社会人の服装で年齢も上であった。北森は教室に現れた武藤一雄を見た時、大学の助手か講師ではないかと思った。彼の眼には武藤一雄がかなり老成した人物に映ったのである。その後、彼と親しくなって北白川の彼の家に行くと狭い部屋に置かれた大きなピアノが目に入った。彼はピアノを弾奏するのが趣味のようであった。今では一つも珍しいことではないが、ピアノを奏でる哲学者の姿は別格のように思われた。多くの友人の中で特に久山と武藤は、終生変わらず北森にとって多くの知見を得ることのできる良き友人となった。

後に両者はミッション・スクールの哲学教授になるが、久山も武藤も共に卒業論文はキェルケゴールを主題にした。さらに、武藤はマックス・ウェーバーの『宗教社会学——経済と社会』を他の研究者と共同で翻訳している。

七　フォイエルバッハの『キリスト教の本質』

その年の秋、北森はフォイエルバッハの『キリスト教の本質』を読んだ。彼はこの書は「神なきもの（無神論者）」という聖句の注釈として読まれるべき書物であると思った。「神なき者」というのは「キリストの血」を示唆している。キリストが十字架の上で流された血を信じないということである。

シュライエルマッハーは生涯を通して「キリストの血」を否定した神学者である。「キリストの血」を否定するということは必然的に「神なき者」という宗教を生み出すということである。だが、キリストの血はこのような神なき者のために流された血であった。これはフォイエルバッハの『キリスト教の本質』の第二章「宗教の本質の一般論」において「真の神否定は神の述語の否定ではなく、神の述語の否定、すなわち、無神論と呼ばれる人は唯心的本質が持っているところの愛・英知・正義という述語を無とみなす人だけであって、単にこれらの述語の主語を無とみなすに過ぎない人ではない」（船山信一訳、

『キリスト教の本質』上、岩波文庫)。

この「記述の主語」という表現の優れた洞察に北森は感動した。真の神否定は単に神の存在を否定するものではなく、神の愛を否定するものである。神の愛とは十字架の愛であることを否定するものである。フォイエルバッハのこの洞察はシュライエルマッハーの十字架の愛を神の愛と全く異なったものであることを確信させるものであった[4]。

かくして十字架を否定することは必然的に神を否定することとなる。フォイエルバッハは、また、「神の悩み」について語ることさえ知っていた。「神が悩むということは必然的に『神は心情である』ということ以外のいかなることをも意味しない」というフォイエルバッハの言説を証明するために北森は次のように答えた。「神の愛は、うちに包む愛であるからだ。このような愛は自明であり理解しやすい愛ではないだろうか」。ここに神の愛が「内に包む愛」であることをフォイエルバッハによって鮮明になったというべきであろう。

フォイエルバッハの命題は「真の神否定は神の主語(神それ自身)の否定ではなく神の述語(愛、憐憫、慈悲など)の否定」である。つまりフォイエルバッハは神そのものを否定しているのではなく、神の愛とか神の慈悲などの人間的な側面を否定しているのである。すなわち、フォイエルバッハは神の愛から十字架の意義を押し出して、それを自然化し、人間の本能的な愛と同一のものとしてしまうと述べる。それゆえに、「神の本質は人間であり、神学は人間学である」とフォイエルバッハは主張する。これは無神論(神なきもの)とは異なる命題である。フォイエルバッハの根本命題は神の存在ではなく神の愛について述べているのである。この時点ではシュライエルマッハーのごとくキリストは神と人間をつなぐ単なる仲保媒介者であり、十字架の愛が神そのものであることの否定につながる。シュライエルマッハーは近代キリスト教神学の大御所であるがキリストの十字架を単なる人間的な出来事としか解釈しなかった。彼にとって神はギリシャ時代の神であり、人間的な「父と子」の関係ではなかった。キリストはあくまでも神と人間を結びつける仲保媒介者だった。これは西洋流の典型的なキリスト教神学の解釈であり、キリストを神の痛みの愛を象徴する子なる神とは考えないキリスト教神学である。それならば、なぜキリストは十字架の上で血を流さなければならなかったのか。神はいかなる罪人であろうと異教者であろうと許す神である。そのためには神ご自身が父として子なる多くの人間たちの中から、特別に自分の子を人間に引き渡し十字架上で血を流させ、その痛みに苦しむ父なる神であることはあまりに人間的な考えであろうか。しかし「十字架に死せるキリスト」とは一体何者であろうか。そこにどんな意味が隠されているのだろうか。解釈は幾重にも成り立つ。キリストは一介の預言者であろうか。古来預言者は惨たらしい死に方をしていた。したがって、キリストが十字架という最も惨たらしい磔刑に死んでも何ほどのことがあろうか。

キリストの十字架の意味を明確にしなかったキリスト教はキリスト教というキリストを冠した宗教足り得るのか。北森はルターの苦悩を想った。ただ神の戒律だけを忠実に実行していることで、何ほどの恩恵も平和も与えられない修道院の中で、キリストの十字架を想った。その時に神の苦しみの本質に目覚めた彼は十字架の上で血を流す子なるキリストを見つめる悲愴な父なる神の痛みを感じた。ここにこそ、キリスト教の本質が隠されているのだ。神は子なるキリストの苦悩を悼み悲しんでいる父なる神である。これが人間的な解釈であろうとなかろうと真実はここに極まった。ルターは自分のおかれている状況から解放されたのである。北森がルターに心惹かれて神学校へ向かった事情は、このような筋道が次第に彼の目の前に展開して行ったからであり、自らの内面が崩壊する危機、苦悶の中で自ら掴み取った唯一より縋れるキリストの御手がそこにあったからであった(5)。

八 『十字架の主』出版に至る経緯

この年も押し詰まった頃、日本福音ルーテル教会の機関誌『るうてる』に翌年の一月号から連載するために「十字架の主」と題する原稿の第一回分を執筆し始めた。この書物は昭和一五年にまとめられて北森の処女作として上梓されることになる。出版に至るその間のいきさつは以下である。

昭和一五年の一月五日、北森は当時京都関田町の日本福音ルーテル教会の岸千年牧師から『十字架の主』を単行本として一冊にまとめて出版してみないかという提案を持ちかけられた。岸牧師は沈黙している北森に、東京には新生堂（後の新教出版社）というキリスト教専門の出版社があり、社長の河本哲夫に具体的な出版次第を話す用意があるというのである。北森は躊躇した。まず彼は未だ京都大学の学生であった。当時、学生が出版するなどの前例がなく、常識的にも考えられないことであった。もし誰かが学生の分際で書物を出版するとすれば、北森自身はその学生を生意気で身の程知らずのいやな奴だと思うだろう。彼は岸牧師に即答できなかった。その間、北森は岸牧師と二週間にわたって押し問答を繰り返したが、一月二〇日についに岸牧師の熱心さに負けたような形で北森は『十字架の主』の出版を承諾したのである。彼は神に誓ったではないか。いかなる場合もキリスト教の伝道に一生を捧げると。

するとこの出版という仕事はキリスト教伝道のための一大事業になるではないか。それゆえ、彼はすべてを神の御手に委ねることで出版後のさまざまな軋轢に堪えようと決心したのである。新生堂の河本社長から正式な出版依頼の手紙が来たのは五月二九日であった。その間、彼はあまりに膨大となる本文の圧縮に努めた。そのために多くの脚注を作成しなければならなかったが、それも不可となった。

『十字架の主』は副題に「教義学のための覚書」として刊行され、北森の手元に届いたのは七月一八日のことであった。一冊の本を手にして彼は次のように父なる神に祈った。

——父なる神よ。汝は汝の福音によって以外には栄光を受け給うことなし。汝は汝の福音が蔽われるときほど汝の栄光を蔽われたもう時は他になし。願わくば御力によりて汝の福音を明らかならしめたまえ。汝の御力により福音の敵を滅ぼしたまえ。父なる神よ。御こころならば、卑しく汚れた僕を福音のために働くことを許したまえ。汝はここに大いなる憐れみと導きを以って、僕の拙き業を世に現われしめたまえ。願わくば今御前にささげまつるこの業を御旨のままに用い、御意にかなわなければ汝の栄光のために放棄せしめたまえ。この大いなる感謝と切なる願いとを、汝の御子主イエス・キリストの故にきこしめたまえ——（『神学的自伝Ⅱ』）

そののち、北森はこの著書が世に現れるまでの数か月間、神が祈りを聞き給うたという実感を覚えた。しかも彼の思いを超えてはるかに強く彼の祈りを聞いてくれたことを実感したのである。彼が弱くかつ祈れないときでも神は強く彼の願いを聞き給うたということである。しかも彼が実感したのはこの業もまたただひたすら罪の許しによってのみ導かれ得たということである。不信仰と自己愛とを神がその恩寵によって打ち破られたことによってのみ、神へ奉仕する業も初めて営まれ得るということであると悟った。

『十字架の主』の最初の書評は当時京都大学の助教授であった松村克己のものであった。『共助』の九月号に掲載された村松助教授の書評を挙げる（『神学的自伝Ⅱ』）。

筆者はこの書を極めて高く評価する。……まことに茲に述べられている事柄そのものは、換言すれば福音の事実、十字架の主そのものが、著者の信仰と理解と叙述を通して読む者に迫ることを読者は必ずや否定しえないであろう……意図された如くその叙述は極めて簡明であり、且つ透徹している。透徹ということはインサイトに充ちているということであって、単に論理的な整合性のみを言うのではない。吾等がかかわる福音の真理についてきわめて深く考えられ、且つよく整理されたこの叙述は、吾等を益するところ決して少しとしない。筆者も亦その点を著者に感謝したい。そして、更に一層此の書が教界の中に広く読まれんことを希わざるを得ないのである。……この覚書はやがて将来神学者として立つべき著者の貴重なる習作であることを筆者は疑わないと共に、著者の大成の日を切に祈って俟つものである。と共に本書が、神学的関心に終始貫かれながらも単なる神学書ではないということを附記したい。信仰の教えの初歩にとどまるものではなく、信仰そのものを自己の責任として福音の真理を問題とするほどの人には是非一読を勧めたいと思う。

この書評が北森に感動を与えたのは当時大学における彼の恩師となる村松助教授によってなされたということであった。学生を指導する立場の教師が教え子である学生の習作をかくもあたたかく見守り、将来の行く末を示唆している、その姿勢が明確に滲み出ている書評であり、著者への激励の言葉が随所に漲っていることに感動したのである。

九　肺結核を病む

『十字架の主』の一回分を執筆していた一二月一〇日ごろ、北森は風邪をこじらせて病臥していた。その原因の一つは芦屋から京都まで毎日二時間以上の距離を電車に揺られて通学していたことが原因であろうと思われた。かなり無理をしていたのだ。年が明けて再び倒れ、ついに肺結核となってしまった。この事実は、『十字架の主』執筆に劣らず重大な出来事であった。年末まではかくも重大な病魔が襲ってくることを予想していなかった。年末にひいた風邪が一時的な小康を得たにもかかわらず、新年に入ると再び風邪がぶり返し、すでに肺は強度に侵されていることを彼は知らなかった。彼は『十字架の主』の執筆のこと以外には何も考えられない状態であった。新年号が送られてくると彼は自分が書いた文章にくぎ付けになり、重大な病魔が自分の体を蝕んでいることに頓着しなかった。彼は『十字架の主』に込められている神学がいかに評価されるのかを気にしていた。

だがついに彼は一月二一日に京都大学の学生診療所でレントゲン検査を受けることになった。その結果を告げられる数日間、彼は今日の「がんの告知」を受ける患者のようにおびえていた。当時の結核は今日の「がん」より深刻な病気であり、たいていの若者たちは結核療養所送りでそのまま帰らぬ人になるのが落ちであった。彼はその数日間ひたすらにキリストの愛を想い神に祈り続けた。

医師の宣告の内容は結核の「第三期」で肺が侵されているということであった。この恐るべき現実をいかにして自分の信仰によって耐えうるのかその正念場であった。彼は神に問う。いかにしてこの苦難から解放されるのか。神が答えるであろう。汝が一生かかって神の痛む愛を伝道することを。汝の生涯をわが手に預けよと神は答える。彼はパウロの病苦を想う。「我はわが蒙りたる黙示の鴻大なるによりて高ぶることなからん為に肉体に一つの棘を与えられる。即ち高ぶることなからん為に我を打つサタンの使いなり」（コリント人への第二の手紙一二章七節）。

人間は肉体的危機を与えられなければ、到底福音の力に堪えることができない。パウロもまた同じであった。彼はパウロの人間らしさと福音の力を想った。神は黙示の鴻大な圧迫を与えるために肉体的危機を人間に与え、『十字架の主』を上梓するという重大な重荷を彼の身体に負わせることによって福音の真なることを試され、「サタンの使い」によって彼の身体を打ち、病を与えた。それによってかろうじて彼は重荷の圧力より逃れることができたと思った。肉体の棘は高ぶる魂の爆破を防いでくれる。――彼は神に問う。「私はこれから一体どうなるのでしょうか」。神、答えて言いたもう。「わが愛のかく真実であるがゆえに、汝は何をなすべきかを考えよ」。彼は答える。「生涯のすべてをかけてあなたの愛を宣べ伝えます」。

病気を宣告されて一〇日後、体重を量ると驚くべきことに三キロ（七百匁）も増加していた。肺炎の第三期の患者が一〇日後に約三キロ増加しているなど驚くべき徴候である。彼は神が自分の祈りを聞き届け、自分に与えられた使命を全うするためにこれからの人生を歩むことが自分の使命であり、神によって召命された証であると思った。

『十字架の主』の連載第二回目が『るうてる』に掲載された。彼は己につぶやく。――私の言わんとすることにだれも耳を貸さないような気がする。無性にさびしい。だが、同時に私の方にのしかかっている重圧から解放され、肩の荷が下りたような気がする。もし、真理そのものの力だけでも、もう私の方は崩れるような重荷を感じているのに、この上、世界が私を受け入れてくれなければ、その圧力はさらに加わって、私の頭脳は破裂するであろう。誰にも知られず、ただ、真理のみを残してゆきたい。それだけで十分だ――。

彼は自分の病気を軽く見ていた。三月に入って神学校卒業生として初めて日本福音ルーテル教会の定期総会へ出席するために病を押して上京した。出発の朝、彼はかく祈った。「主よ、あなたの愛によって水の上を歩み始めようとする僕に、ますますあなたの愛を示したまえ。あなたを疑うことなからしめたまえ。あなたの愛より離れることなからしめたまえ」。当時はまだ三七度台の微熱が続いていた。それにもかかわらず芦屋から東京へ旅発つというのは無謀な試みである。だが、彼はある種の強い気迫に後押しされるかのように東京へと旅発った。

丸一年ぶりの東京は懐かしかった。一年生議員として出席した教会総会は、彼が出会った最初の教会政治の場として、深い印象を与えた。大した問題もなくむしろ低調と思える教会総会であったが、彼は生涯自分をささげる場としての教会をかくも愛しているのかと驚かされた。このような情熱を持って教会を愛したことはこれまでにないことであった。その愛は教会政治という場であり、彼の生涯をささげる場となるのだ。しかし、この旅行は無謀であった。教会総会期間中にひどい熱を出した。お茶の水の駅前の「竜名館」という旅館が総会議員の宿泊所であったが、そこを引き払って鷺宮のルーテル神学校の一室に病臥することになった。その部屋は今は亡き佐藤繁彦先生の旧居の一室で、その四年後に彼が家族とともに移り住むことになった住居であった。彼はそこで神学生の看護を受けながら、数日を過ごした。未だ熱の下がらないまま、列車に乗り、芦屋へ帰った。彼の病状はこの無謀な旅行のために以前よりもさらに悪化していった。それよりも、彼は教会総会に出席して教会の兄弟姉妹が、決して彼の生みだした神学を理解しないだろうと思って案じた。

春が深まるにつれ病状は次第に小康状態に戻った。絶対安静も解除され、午前中の一時間ほどは散歩することも許されるようになった。彼は芦屋の海や浜辺で英気を与えられ多くの慰めを得た。病臥している間、彼は音楽を聴くようになった。特にベートーヴェンの弦楽四重奏を好み心酔し、ベートーヴェンに関する書物を漁った。彼の脳裏には「絶対矛盾の自己同一」という概念が渦巻き、それを知るのは音楽ではベートーヴェン、作家としてはドストエフスキー、哲学者として西田幾多郎であると思った。大学を休学して病臥している身に西田哲学が突如現れた。神学と哲学、その方法論がきわめて似て非なるにもかかわらずともすれば彼の脳裏に哲学が立ち現れ、「神の痛みに基礎づけられし愛」にすべてが集約されるのを彼の脳裏から追放することはできなかった。彼の神学は決して理解されないだろう。この日本の土壌では。あたかもキリストが彼の郷里で誰からも理解されず追い払われたように。

だが神学的思索に浸る幸福な時間は世界の政治的情勢が許さなかった。国家とは一体何であろうか。彼は、国家はそれ自体としては常に神の愛に叛ける世界・破れたる創造秩序・「破壊と困難」の世界に属するものであって、決して神の愛の対象でもなく、神の意志に導かれるものではなく彼の祝福のもとにあるのではない。キリスト者の祈りと信仰による実践のみが神の祝福を得る。真実の意味において国家はキリスト者によってのみ保たれると信じた。

現実の世界はアンチキリスト者の戦いとなって表れた。その年の八月二四日、ドイツ・ソ連の不可侵協定締結、九月一日、ドイツがポーランドに侵攻、九月三日、英国はドイツへの宣戦布告によってキリスト者の軍隊がキリストの名のもとに戦場へと繰り出されていった。この問題は彼にとって極めて憂慮すべき問題であった。日本も遅かれ早かれアメリカに宣戦布告する道が用意されていたに違いなく、「破壊と困難」の道が目前に迫っていた。

当時の若者たちには兵役の義務が課されていた。二〇歳代の青年にとって切実な問題は兵役の問題である。彼はその時二二歳であったが、大学に在籍していたため徴兵延期の特典を有していた。しかも、彼は病弱で兵士として合格するはずもなかったが、近い将来、二〇歳代男子として懲役に服すことは必須のことに思えた。これは思想や倫理の問題ではなかった。それは国家的義務であった。キリスト者なるがゆえに神の名のもとに殺戮の場へと向かうことなどできそうにもない。然しながら、神の怒りのもとで人間は必ず反旗を翻す。キリストの愛を信じる者たちはこの限りではない。しかし前者の方がキリスト教会の中では強かった。いかに十字架の血を救いとせよと叫んでも、それは遠い木魂としか聞こえなかった。神の怒りのもとで、神の子イエス・キリストは戦いの総司令官となる。キリスト者はいやおうもなく戦いの狼煙を挙げざるを得ないのだった。国家が闇の秩序（破れた創造秩序）から光の現実（救贖秩序）へと転換されるように、キリスト者自身もまたキリストのとりなしによって、直接的な神の愛から仲保媒介者である神の愛へと転換されるのだ。そのように信ずる信仰だけが残り、社会は戦いの坩堝に巻き込まれていく。この状況の中で彼は前へ進むしかない。彼はその年の一一月五日に芦屋から京都に移転した。京都大学文学部の副手として大学に残ったためである。

国家は混沌としてついにその年の一二月八日、日本はアメリカの真珠湾を攻撃し、宣戦布告をしてここに太平洋戦争が勃発する。北森を含むキリスト教会に奉仕する信者は有無を言わせぬ命令によって国家は一丸となって戦争に駆り出された。世界中がこの年の終わりを迎えて決定的な永久に忘れ得ぬ世界大戦の坩堝に投げ出されたのである。彼は祈る。

――「我は火を地に投げんとて来たり。この火すでに燃えたらんには、我また何をか望まん」――。されどすでに火は燃えている。だが我が魂よ。信じて待て。この火を燃やし尽くさんことを。その時を父なる神のみ知り給う。だが、あと三年待とう。それが成し遂げられるまでの時間を思いあぐねることは、何という切なく、心が騒ぐことか！（『神学的自伝Ⅱ』）。

第四章　キリスト者平和の会

一　東京神学大学教授の職責

北森嘉蔵は京都大学文学部を卒業すると大学研究室に残って副手を務めながら彼の処女作である『十字架の主』が多くの神学者や一般のキリスト者に読まれ、北森神学が世間の荒波に巻き込まれてゆくことに期待と不安を感じながら過ごしていた。病気も次第に良くなり、彼はいよいよ「神の痛みの神学」を伝道するために、混乱した世の中に自らの命を懸ける思いで飛び込むその時を待っていた。肺炎のために半年ほど大学を休学していたが、一九四一年、二五歳で卒業し大学文学部哲学研究室の副手を勤めた後、一九四三年に東京に日本東部神学校が創立されるのをきっかけに、彼は助教授の職位で奉職するために上京した。一九四四年に日本東部神学校と日本西部神学校が合併し、日本基督教団基督教神学専門学校が創立、一九四九年四月に日本基督教団基督教専門学校に日本女子神学校を合併して新制大学として創設されたのが東京神学大学である。初代学長は桑田秀延（組織神学）である。北森は一九四三年に日本東部神学校に奉職するが、東京西部神学校と合併されて日本基督教団基督教専門学校が創設されたので、そこに移籍し、さらに東京神学大学に奉職して五年後に教授になった。時に北森嘉蔵三二歳の時であった。若い教授の誕生である。彼はその時より定年になるまでのおよそ四〇年もの長い間、神学生たちの教育に励んだ。

一九四四年当時の日本基督教神学専門学校は西武新宿線の鷺宮にあったルーテル神学校の校舎を使用しており、学生たちは国鉄の中央線の阿佐ヶ谷駅で下車して鷺宮まで徒歩で通った。バスもなかった。阿佐ヶ谷の駅界隈は戦後の混乱期をそのまま反映して、闇市が密集し、食糧難の中を闇市目指して買い出しに来る人々の表情も様子も貧相でみすぼらしく皆痩せこけていた。

神学生の寮も困窮を極めており、「人はパンのみにて生くるに非ず」という聖句をもじって食糧には「人は芋にて生くるに非ず」と大書された紙が貼られていた。食卓にはサツマイモが並んでいるだけであった。それでもサツマイモを食するだけでも空腹は満たされ、肉体の飢餓状態よりもそれによって生ずる霊的飢餓状態のほうがよほど恐ろしいものであった。戦後食糧難の時に日本人を救ったサツマイモを中国から苗を持ち帰り、繁殖させた宮古島の村役場の役人には、今さらのごとく感謝した。

北森が東京神学大学に奉職した時、彼は西武新宿線の沿線にある鷺宮に間借りした。その家はかつて佐藤繁彦が居住した家であった。その後、同じ沿線にある田無に家を建てた。田無は全くの農村地帯で東京都内にあるとは到底信じられないほど疎らな家が点在し、その地域のほとんどが田畑であった。彼は母のために茶室を作った。

一九四三年当時、東京東部神学校に赴任したばかりの北森は、自分自身では颯爽としてこれから始まる伝道への熱に燃えていたが、社会全体は混沌として行き先の見えない暗闇の中を手探りで歩いているようなものであった。やがて、『神の痛みの神学』（初版、一九四六）が新教出版社から上梓された。精神医学者であり、後に作家となる加賀乙彦は混乱した社会の中にあって本書を読んだ。当時彼は陸軍幼年学校の生徒であったが終戦とともに巷に放り出され、何をなすべきか自分の行く道を見失っていた。彼らさまよう青年たちは共産党に入党するかキリスト教の牧師、神父になるかの二者選択を迫られていた。加賀乙彦は大学医学部精神科で学び、後に上智大学の教授となって精神医学の教鞭をとっていたが作家に転身した。彼は新約聖書を熟読玩味し、イエスの言葉を徹底的に学びそこに書かれているイエスの言葉を信じた。彼がカトリックのキリスト教徒になったのは友人の作家遠藤周作に導かれたからであるとされるが、実は彼が『宣告』という長編小説の中にあるように、『神の痛みの神学』に感動したからであって、それからすでに半世紀を越えようとしていた。彼がキリスト教の洗礼を受けたのは一九八八年のクリスマス、五九歳の時である。その時に彼は『キリスト教への道』という本を上梓しているが、そこには洗礼時における北森嘉蔵の重要な役割が記されている。

北森先生の『神の痛みの神学』の根底には戦争中の多くの死者への痛みがあるわけです。あの死者への痛みということが、北森先生の意識ではどうなっているのか。これは、キリストの十字架の痛みの、文字通りの肉体の痛みを追体験するという、そういうことと不可分なのです。その考え方が、私にはよくわかりました。私もミサへ出て、最後の晩餐の聖体を戴きます。しかし、最後の晩餐の直後に何があったかというと、イエスが十字架につけられるという出来事があるわけで、十字架にかけられるということは、釘の痛みのことを追体験することで、あの最後の晩餐というのは、とても大変な晩餐会であったということを私たちはミサにあずかっていても、しばしば忘れてしまうわけです。そうではなくて、痛みの方が大きいはずなのに、痛みを忘れてしまって、何かほんわかとした気持ちで、私自身も聖体を戴きます。けれども、北森先生の指摘は、そうではない。あの後にすごいことが起こる、その凄いことを突破した時に、初めてイエスは復活というところまで進まれるわけです。その考えが私にはとてもよくわかりました。……北森先生は雑談の中でこうおっしゃった。「日本人というのは、いつも山ばかり見るのですが、決して登ろうとはしない。特にインテリはそうですね。インテリは駄目です」。それは私に対して「お前は聖書を読んだり、『宣告』という小説を書いたり、キリスト教についていろいろなことを言って、読んだり考えたりしているくせに、洗礼を受けないじゃあないか」と言われたような気がしたのです。つまり洗礼というのは頭で考えるのではなく、行為なのだ、宗教というのは、山みたいなもので、山の頂上は誰にでも見えるわけです。しかし、それを眺めているだけでは、決してそれは信仰ではない。……私自身、確かにキリスト教というものに親しみを覚え、聖書を読み、そして、あちこちのカテドラルを訪問し、なおかつ、キリスト者を主人公にして小説まで書きながら、何も一歩を踏み出さないでいる。そのことをズバリと言われたような気がしたのです。

加賀乙彦はその後カトリック・キリスト教の洗礼を受ける。北森嘉蔵の何気ない言葉が彼の胸に突き刺さったともいえようか。

彼が一九九〇年に毎日新聞に書いたエッセイ「私の戦後を導いてくれた本」を今一度読み返してみよう。

敗戦後の焼け野原の東京でこの本を読んだ時の衝撃を忘れられない。一望千里、何もない廃墟の中で、戦争によって殺された多くの若者たちへの痛恨の念に押しひしがれながら私はさ迷い歩いていた。何の希望もない。何の喜びもない。生まれて物心ついころから、戦争に勝つことを私に教えてきた大人たちは、にわかに民主主義だ、平和だとはしゃぎまわっていた。が、私には国家を含めて、ひどく大人たちの変節を横目で見ながら自分の行く道が見極められず、あてどなくさ迷い歩いていた。そんな時、友人がかしてくれた『神の痛みの神学』を読んだ。キリスト教の精神を、イエスの痛みにおいて聖書を読みなおそうとする試みは、まだキリスト教に無縁であった少年の私には分かりにくかった。唯、私の心の奥底に共感するものがあった。一人の神学者が戦争で死んだ数多くの若者たちへの鎮魂を、この書の底に秘めていたということである。しかし、私がこの本を再読したのはそれから三〇年程たってからであった。ごく浅い理解ではあったが聖書を読み、キリスト教への関心を抱いていた私にとって、『神の痛みの神学』は魂を揺るがすような出来事であった。イエスは自分の傷を以って人間の傷を癒したという基本的な主張が、死者の痛みをわが痛みとして戦後を暮していた私には、文字通り痛いように理解できた。イエスの受難を痛みを中心にして追体験すること、福音書をその線に沿って読み直すことに私は熱中した。愛を甘さや優しさにおいてではなく、他人の悲惨と不幸とを憂える苦さと厳しさの中に求める姿勢に、イエスの教えの根本があると私は気が付いた。十字架が愛の表徴であるのは、それにハリツケにされた人の痛みを痛みとして感じることが大切だと教えられた。それにしても、世の中にはたくさんの同情や思いやりが見られながら、それがしばしば好奇心の別名に過ぎないことが、いかに多いことか。「隣人の痛みを見てさも痛ましげな様子をしてそれに同情すると言いながら、実際は好奇心を持ってその痛みを覗きに行く」という言葉は同情者の偽善、例えばジャーナリズムに安易に充ちている同情の仮面をかぶった好奇心を批判して示すところがない。優しい、温かみのある愛が、実は痛みに基礎づけられた愛に支えられているという著者の指摘は、ルターの「隠された神」を媒介としてさらに深化されている。私自身は、「隠された神」から、暗黒または虚無の中に光明や存在物を志向してゆくという思索に誘われ得、さらに、それは自分自身の信仰へと繋がってくるのであるけれども、今、このような短文で委曲を尽くすことは出来ない。ともあれ、一冊の本が、私の戦後を長い間にわたって陰に陽に導いてくれたことは確かである。

一九四七年、社会主義国を封鎖する目的でトルーマン・ドクトリンが発表されたが、日本では日本社会党の片山哲内閣が成立し、アメリカ陸軍長官は「日本を共産主義に対する防壁にする」と演説し、中国における国内内戦・朝鮮半島の南北の対立、西欧における東西ドイツの分裂などの世界情勢は日本の政治を大きく揺るがした。アメリカは日本をアメリカ型の資本主義国家にしようと画策し、片山内閣は一一か月で解散、民主党の芦田均内閣が成立、この内閣も短命で一年後の三月に解散、自由党の吉田茂内閣が成立した。吉田内閣は第五次吉田内閣まで存続したがその後、民主党の鳩山一郎に敗れる。翌年鳩山一郎は自由民主党を立ち上げている。現在でも続く日本の政治的混迷状態は敗戦後の政治状況と同じで、多くの民は社会主義や共産主義にある種の期待を抱いていた。このような混迷の時期に赤岩栄牧師が突然「共産党入党宣言」をしたのである。

北森嘉蔵の所属する教会は武蔵野ルーテル教会であったが、彼は赤岩栄とかなり親しくお互いに「親友」であると自負していたので、北森はしばしば赤岩栄が牧会する上原教会へ出かけてゆき、キリスト教神学の勉強会を開いて信徒たちの知的好奇心を高める役目を果たしていた。

二　赤岩栄牧師の共産党入党宣言

ここで、赤岩栄の出自を簡単に説明しておこう。赤岩栄は愛媛県喜多郡の牧師の家に生まれた。父は当初小学校の校長をしていたが熱心なキリスト者であった妻の影響から伝道師になり、牧師となった人である。こうした環境の中で彼は必然的に神戸神学校に学んだが、この神学校は極めて保守的な南部アメリカ長老教会が経営する神学校であったから、彼は満足できずに母の勧めで大阪神学院に入学し、そこでもキリスト教に懐疑心を抱き中退し、東京神学社（植村正久主催）に学び植村正久の後継者である東京神学社校長の高倉徳太郎の神学に傾倒し、卒業後日本基督教会佐渡伝道所に赴任する。ところが、高倉徳太郎は「福音同志会」が刊行する『福音と現代』の編集を担当させるために赤岩を佐渡から呼び戻し、彼は再度上京する。赤岩には編集をまかせられるほどの適性があったのであろう。

一九三一年（昭和六）に中原伝道所を開き、翌年に代々木上原の地に上原教会を設立する。按手礼を受けた後、終生この上原教会で牧会することを誓った。一九四九年（昭和二四）に雑誌『言』、『指』を発行する。この時、北森嘉蔵は東京神学大学の教授になったばかりであった。彼は上原教会に協力し、赤岩の編集になる雑誌の編集も手伝いながら共に上原教会の牧会に励んだ。当時神学生であった雨宮栄一は、代々木上原教会で赤岩牧師を中心にバルトの『教会教義学』の原書読書会を行っているのを知りそれに参加した。当時の赤岩はバルトに疑念を持つことなく、ブルンナーを批判しながらバルトを熱心に読んでいた。その伝道ぶりはカルヴィニストらしく、数名の若者たちとの共同生活から始め、礼拝時間も厳しく、教会の門を固く閉ざして遅刻者の入場を許さなかったし、無断で欠席することも認めなかったと言う。こうした厳格な指導方針で真摯にバルトを学ぶ研究会を主催するこの教会は急速に進歩した。

ではなぜ赤岩は共産党宣言をしたのだろう。このあたりの事情を彼と親しくしていた友人の八木誠一に聞こう。

八木誠一によれば戦後の神学的状況は共産主義とキリスト教主義と実存主義によって構成されていた。赤岩は牧師として伝道に励んでいた時は、バルト神学に影響を受けており、熱烈なバルティアンとみなされていた。戦後、彼は次第にマルキシズムに共感するようになり、人間を神の前に立つ個人として見たばかりでなく、その全人格性においてとらえようとした。彼は人間を人格的に把握し、それをヒューマニズムと称した。彼のマルキシズムの背景には「このヒューマニズムがあり、このヒューマニズムを基礎づけたのはイエスとの出会いが彼に人間性の本質を開示したという事実」であった。彼はマルクス主義の暴力革命論に抵抗していたが、資本主義的体制が本質的にそれに劣らず暴力的であると考えた。ついに彼は一九四九年に共産党入党宣言を決意したが、共産党のほうでは受け入れを躊躇し、かつまた当時のキリスト者で共産主義を肯定することは考えられないことであった。彼は共産党入党宣言はしたものの共産党員にはならなかった。なぜなら、彼は入党宣言はしたが日本基督教団がそれを許さず、長い間押し問答を繰り返しついに入党を断念し、一九六六年に胆道癌に侵され六三歳で昇天した。一九六四年に上梓した『キリスト教脱出記』はキリスト教界に衝撃を与えた。こうした一連の「赤岩問題」は当時のキリスト教の世界に重大な波紋を投げたことは確かである。

ところで、赤岩が熱心に牧会していた代々木上原教会はどうなったのであろうか。半数の教会員が教会を離れ分裂状態になった。この間の事情を北森嘉蔵は後に千歳船橋教会となった教会二〇周年記念号の「思い出の『外史』」として次のように述べている。

この教会の成立は代々木上原教会の分裂によるものである。このことは、好むと好まざるとにかかわらず、最たる事実である。いわば一つの教会の悲劇を背負って、この教会は生まれ出たのである。上原教会について語るには、赤岩牧師について語ることなしには不可能である。そこでこの『外史』では、赤岩牧師と私との関係について語ってみようと思う。上原教会分裂に先立つ数年間、私は赤岩牧師とかなり密な関係を持つようになっていた。そのきっかけは昭和二二年に山本一志宅で開かれていた神学研究会において、『神の痛みの神学』が取り上げられた時からであった。当時、赤岩牧師はカルヴィン主義やバルト神学から脱却してマルクス主義へと傾斜する直前であった。神学研究会の席上では、赤岩氏は当初は『神の痛みの神学』に対して、さほどの感銘を受けたようには見えず、むしろ悲観的な言辞の方が記憶に残っている。しかし、その後我々の関係はさらに深まった。

そして、昭和二四年となったのである。この年に赤岩牧師の所謂「共産党入党宣言」がなされたのである。しかし、この事件を私との関係で語ろうとするとき、私にはこの宣言発表を報じた「キリスト新聞」のトップ記事を忘れることが出来ない。その見出しは「北森神学を地で行く」となっていた。赤岩牧師の共産党入党宣言は「北森神学」の言おうとするところを実践したものに他ならないというわけである。これを見て最も驚いたのは私であったろう。そして、今日の読者の皆さんも驚かれるであろう。特にこの教会の発端が赤岩牧師の共産党問題による上原教会分裂であるから、教会はこの記事のことを聞いて驚き怪しまれるであろう。赤岩牧師はこの神学の一つのモティーフを自分なりに理解して、その行動の必然性をそこに求めたのであろう。私は当惑した。と同時に責任をも感じた。二人の間の微妙な関係がこのようにして続くことになった。そこで、上原教会の情勢が難しくなってゆくことに対しても、私は人知れず責任を感じた。明日がいよいよ問題の教会総会だという前日にも夜遅くまで私は赤岩牧師宅に詰めかけていた。その少し前あたりから、赤岩牧師は「多少の出血はやむを得ないかもしれない」と口走るようになっていた。然し私は総会の前夜まで「出血には絶対反対」と言い続けた。それを聞いて赤岩牧師はいささか困ったような顔をしながら、「まあ、努力してみるよ」というのであった。しかし、出血した。上原教会分裂は起こった。これが千歳船橋教会への発端となるのであるから、私がこの教会の前身である家庭集会に対してどのような態度を取ろうとしたかは、想像に難くないであろう。呼びかけを受けて一年近くも返事をあいまいにしたのはそのためである。しかし、一年たってついに呼びかけに応じた。そして赤岩牧師から絶交された。

このあたりの事情は北森嘉蔵が千歳船橋教会へ招聘される事情と重複するので、赤岩問題がもたらした信徒の圧倒的な力はいかにキリスト教とマルクス主義が相反する思想であるかを知る手がかりを与えてくれる。こうした事実を照合すると敗戦時幼年学校や陸軍学校で学んだ優秀な生徒たちが敗戦の報に途方に暮れて、共産主義者かキリスト教の牧師になるかの二者選択が迫られた事実と符合する。

ところでこのように混乱した世相の中で日本基督教団内部もある意味で危機に瀕していた。「キリスト者平和の会」の発足は平和に対する決議文を教団の総会で通過させ同志的な群れを作る必要があると鈴木正久牧師や大村牧師が主張していたのを契機に、一般信徒であり東京神学大学でドイツ語の教鞭をとっていた井上良雄が動いた。「平和に関する訴え」という檄文を公表した。その起草者は井上良雄ではなく北森嘉蔵であると言われている。赤岩栄の共産党宣言と相まって分裂した代々木上原教会の熱心な信徒たちが、新しい教会を作り主任牧師に北森嘉蔵を推薦したが、なかなか返事がもらえなかった事情は、日本基督教団内部においても問題が山積しており、その一部を担った北森の決断が長引く要因の一因になっている。呼びかけ人は井上良雄、関根雅夫、大村勇、関谷光彦たちであったが、このような錚々たる顔ぶれに賛同した同志はさらに多く増え、日本基督教団は日本の敗戦を機に、二度と戦争は起こさないという世界平和運動の会を立ちあげた。敗戦時の日本のキリスト教会は今後決して戦争を起こしてはならないという決意が漲っていた。だが、平和運動は単に日本基督教団のみならず地方のキリスト教系大学や教会においても盛んにおこなわれていた。戦後、日本のキリスト教会はバルト神学を奉じていた。赤岩栄がバルト神学から脱出したとされるように、日本のキリスト教会がこぞってバルト神学一色に染まっていることに抵抗し、キリスト教それ自体から離脱し、親友の八木誠一の影響もあってキリスト教と禅仏教との関係に関心を持ち究極的に「空」を見た。つまり、彼にとってイエスとの出会いは彼に「空」を開示し、彼の「ヒューマニズム」を基礎づけるものであったと八木誠一は解釈している。その意味において北森も仏教に対する興味関心が強く、京都大学で田辺哲学を学んだ時に曹洞宗の道元禅師の『正法眼蔵』の思想を知り、熱心に学んだ。

道元は無常の認識を深めた時、世界はどのようにして立ち上がるのかを考え、仏教の基本教理をインドから日本に渡った大乗仏教に求め、完成させた仏教の思想家である。その集大成が『正法眼蔵』であり、道元の「覚証（さとり）」の理論を形成する書である。

ところで、井上良雄は日本のキリスト教会が平和の問題を真剣に取り上げるのは、世界観やイデオロギーからの判断ではなく、バルトの神学的抽象性の背後には常に政治的具体性があったことを見落としていたからであると主張していた。これは敗戦前の日本のキリスト教会におけるバルト受容の特徴であった。植村正久を継承する高倉徳太郎の福音の本質は「恩寵」と「聖化」、人間の原罪とイエス・キリストにおける神の贖罪である。だが、「恩寵と召命」を主張しても「聖化」については神秘主義を忌避するあまりその問題をさける傾向にあった。バルトは「義認」は神の恵みであり「聖化」は人間の応答であると語られたのに対して、北森は「義認と聖化」の主体はあくまでも神であると主張した。バルトがこの問題を提示した時、彼は「キリスト教倫理」の領域に足を踏み出そうとしていた時であった。これは単なる神学的主張ではなく、政治的現実性を背後に秘めていたのである。その中から赤岩栄という異分子を生み出した。バルトは一九三三年、ナチスがドイツで政権を掌握し、ボン大学で講義していたバルト教授はアドルフ・ヒトラー総統への敬礼をもって始める授業を拒否した。バルトはボン市警察局に召喚され尋問された。バルトは次第に膨張するナチズムの台頭に抵抗し、翌年の一九三四年、告白教会を強化するために第一回全国告白会議がバルメンで開催され、そこで採択されたバルト起草による宣言が採択された。それが有名な「バルメン宣言」である。彼は早速キリスト教倫理教程を書くことに専念した。その意味においてバルトのキリスト教倫理教程は単なる神学理論ではなかった。バルトは一九二八年、ミュンスター大学夏季講義で「キリスト教倫理学総論」を講義しており、倫理学を三一論的に構成した。教会は国家が神の国を指し示すことを欲し、神の国と離れたところを指し示すことではないという「線」と「方向」を論じた。日本基督教団はこの「線」と「方向」という二元論的信条を信奉した。これはバルトの中心的課題である。つまり、政治的領域内でなされるキリスト教的決断には、イデーとか体系とかプログラムというものはないが、常に守らなければならない一定の「線」と「方向」が存在する。井上良雄はバルトの「線」と「方向」は存在するという言葉を徹底的に信じた。

彼はバルトのこの二元論的受容の実践に貢献した。この二元論は日本のキリスト教会に深く根を下ろしていた。つまり、戦前の信仰はバルト、戦争への対応は別の政治的判断という意味の二元性である。

かくしてキリスト教会は日本の戦争協力へとかじを取った。井上は平和擁護の立場からキリスト教平和運動に進んでゆくのだが、ここに赤岩栄とは別に上義康牧師の二元論的発想への批判が生じた。

上義康は当時の教団において活発な青年運動を促進させた指導者であった。敗戦により精神的に追い詰められ、霊性の渇きを覚える青年たちを指導する立場の人であった。戦争中、日本基督教団にとって最も大事な宣教の自由を守るためという口実の下で、進んで戦争に協力した。日本人の国民性はお上の言うことに絶対服従の意識が潜在していたのかもしれない。キリスト者にとって絶対に服従すべき相手はイエス・キリストであるにも関わらず、国家の命令に対して教会擁護のために戦争協力として愛国機、献納決議までした。巧妙に仕組まれた国家の要請、礼拝の前に宮城遥拝、神社参拝の強要など、これは国家の信仰への干渉ではないのか。戦争協力なのではないのか。このような日本式キリスト教に傾斜した日本基督教団と一線を画していた日本ホーリネス教会は国家の要請に従わなかったために多くの教職者が一斉検挙された。伝道を使命とする教会が伝道の使命を放棄して教会擁護という口実を旗印にしたことはボンヘッファーがいうように「教会の自己目的、教会の自己利益」のために進んで戦争を擁護したのならばそれはもはや教会ではないという言説が正しい。井上良雄は上義康に反論する。国家のことに口を出し、進んで戦争協力をしたことに反発したのである。ある意味で良心的な牧師は口を閉ざして無言の抵抗をしたが、多くの教会は戦争協力に加担し「必勝祈祷会」開催まで強いられる羽目になったのである。

三　キリスト教的二元論の果てに

すでに述べたように、北森は戦時中結核を患っており、京都大学卒業後研究室に残り、文学部の副手を務め、その後に日本東部神学校の助教授になり教鞭をとった早熟の神学者である。彼の使命はただ福音をいかに宣べ伝えるかということだった。彼がさまざまな出版社から書物を上梓するのも福音を宣べ伝える使命感からだった。彼が三五歳の時に当時の継宮明仁皇太子殿下（今上天皇）に「プロテスタント基督教の本質」を御進講されたのもそれゆえからであった。礼儀正しく蒼褪めた顔つきの皇太子殿下を前にして北森は淡々とプロテスタント・キリスト教を講じた。

マルチン・ルターから始まった北森のプロテスタント・キリスト教を皇太子がどのように理解したのかは知らない。北森はローマ・カトリック教皇に反旗を翻し、律法と福音を区別し教会は国家と政治に関わるものではないとしたルター派の教会独自の福音を展開したが、バルト神学は神学的立場から国家の政治にかかわらざるを得ない状況にあった。したがって、純粋にルター派教会は二つの理論を構築することになり、俗に「二つの王国説」と言われた。雨宮栄一によれば「国家と教会」という二つの王国の区別はなされたが、区別しながら併存するに至り、その併存は国家に対する教会の協力を生んだ。歴史的に教会は領邦国家の思想的憲兵の役割を演ずることになったのである。

北森はこのルター派の二王国説を日本流に改編して「包摂の理論」を提唱した。二つの異質なものを一つの風呂敷に包んでしまうという理論である。それに対してバルトは教会は国家とは異なる神の啓示である福音を普遍のものとしている以上、その中心に二つの同心円があると主張した。この二つの円はキリスト支配下にあり、円周は異なるものの結局は一つであると考えるのである。異質のものを同一のものとしてとらえる包摂の理論は『教会合同論』の章で詳説する。

その後長い間、「キリスト者の平和運動、教会の戦争責任論」は「キリスト者と政治」の問題に発展してゆき、戦後の大学闘争に至る三十年有余の課題として残存し、日本基督教団は分裂しさまざまの軋轢をキリスト者に問うことになった。一九六二年の秋、「キリスト新聞」は「キリスト者と政治」という特集を組んだ。北森は「教職者の使命は信徒が政治的行動（特に権力闘争）を神にとりなし、彼らを牧会する。この牧会に全責任を負う」という。ただし例外が二つある。一つはドイツ教会闘争の場合、「政治が信仰に干渉する場合には、『教会としての』決断が要求されること、二つは平和を守るということについて『教会としての決断』がなされたうえで、その平和をいかなる方法で守るかについて多くの立場からさまざまな意見交換が必要であること」と述べている。

それに対して翌年の『福音と世界』二月号に井上良雄は「教会としての政治的決断――北森氏の所説に関連して」という題名で一つの疑問を北森に呈した。井上良雄の問いは次のようなものであった。「戦後数十年にわたって、日本の教会でキリスト教と政治の問題が論じられたが、結局のところ、キリスト者の政治的責任の問題は一人ひとりの心の問題であり、『教会として』の問題ではないという結論に達したが、これがはたして正しいのであろうか。キリスト者は政治に対して分離されながら内在するのである。ならば、教職者の使命としてはキリスト者の政治的判断に責任を持つことは可能なのか。北森の主張することは常に二元論から発し、二元論に終わる、バルトの人間に対する神の愛はいかなる二元論も許されない。そこにはどのような分裂も分離も許されない。キリスト教倫理はある時はよく、ある時は悪く表れる国家の政治形態や政治行動を判別することである」。井上には福音と律法を分離しそのパターンに従った教会と国家の分離は考えられなかった。それに対して北森はさらに『福音と世界』の三月号に「井上良雄さんに――二月号の論説を読んで」を書き、それに反論した井上良雄の応答文が同時に掲載された。この論争は決してかみ合わなかった。結局、井上は「政府が教会の信仰に干渉することがなくても、教会は国家が正義と平和のために配慮しているかどうか、見張り役を果たしているかどうか、もし政府が教会の信仰に干渉すれば抗議するが、干渉しなければ政府が何をしようと教会はそれを黙認する、これは二元論である。日本の教会はこのような二元論を長い間温存してきた。戦争に突入してもそれを黙認し、挙句の果てには戦争協力をした」と北森の考え方にこの悪しき二元論が反映されていると主張し抵抗したのである。

このように考えたのは井上だけではない。井上は純粋に彼自身の思うところを述べたのだが、北森に反駁する人たちはすべて北森が戦争責任を取らずに逃げていると断じ、挙句の果てに北森の真意を解さない悪意ある神学者は『神の痛みの神学』は空理空論で戦争に対して無知であり彼を偽善者であるがごとく扱った。

キリスト者平和運動はその後も具体的な平和運動へと加速してゆく。一九五九年三月、日米安保闘争は参加団体は一三四団体に及び、国民運動へと広がっていった。六〇年安保闘争の開始である。当時の自民党政府は単独採決を強行し、安保阻止全国統一運動が展開された。全学連と警官隊が衝突し、犠牲者までも出した。多くの人の記憶に生々しく残っている樺美智子さんの死はその後も長く語られることになった。安保批准反対キリスト者会議主催の提灯行列が行われた。東京神学大学キリスト者平和の会は存続し、その後ベトナム反戦運動などの実践活動に参加する。それらは多かれ少なかれ、後の東京神学大学紛争へと繋がってゆく。

第五章　千歳船橋教会設立の経緯

一　新しい教会の誕生

一九五〇年五月二八日のペンテコステの聖日、経堂の恵泉女学園において富士見町教会島村亀蔵牧師の司式により、教会設立式、および牧師就任式が挙行された。主任担任牧師（主管者代務者）として北森嘉蔵牧師、教会員二四名、隅谷三喜男を筆頭に四名の役員で構成された日本基督教団西原教会の創立である。当初は礼拝を渋谷区代々木西原町の山下兄宅を借りて行っていたが一九五〇年七月の第一聖日より、世田谷区経堂町愛珠幼稚園で行われ、二年後の一九五二年三月二三日から世田谷区桜丘五丁目に新会堂が建設され、教会名を西原教会から千歳船橋教会と変更した。教会員二四名は赤岩栄牧師が牧会する西原教会を離脱した人々であった。その間の経緯は隅谷三喜男の『十年の歩み』（千歳船橋教会「教会通信」創刊十周年記念号）に詳細に語られている。

一九四九年と言えば終戦後まだ四年にみたず、精神的にも物質的にも戦争の痛手が生々しく残っていた。多くの人々がその痛手をいやされ、空虚さを満たされたいと願って教会に集まってきたが、教会自体も戦争の傷が十分に癒えてはいなかった。このような状況の中で、日本基督教団上原教会の内部には、従来から教会の在り方について問題があったが、たまたま四九年一月の総選挙にあたって、赤岩栄牧師が共産党入党を宣言するという事件が生じ、キリスト教界に大きな衝撃を与えるとともに、教会内部においてもこれを契機として従来からの問題が拡大され深刻化し、教会員の熱心な尽力にもかかわらず事態は好転せず、同年四月末に開かれた教会総会においてついに破局に立ち至り、婦人会員を中心にして教会員の半数近くは、キリスト者としてこの世に歩むべき道が赤岩牧師及びその牧会下にある上原教会が採ろうとするところと異なると考えるに至り、ついに意を決して上原教会を脱退するに至ったのである。その後の歩みについて、「教会設立沿革書」は次のように記している。

離脱者の一部は他教会に赴き、一部は教会を捨て去ることとなったが、約二〇名のものは互いに助け合い慰めあいつつこの教会の分裂の悲劇に堪え、かつキリストの僕として負わされた務めを果たしたいと考え、毎月第一日曜からささやかな集会を始めるに至った……教会は単なる人間的対立や欲求に基づいて建てられるべきものではないことを深く反省し東京神学大学福田正俊教授その他を招いて意見を聞くと共に進むべき道を祈り求めた。六月には東京神学大学北森嘉蔵教授を招いて見解を伺い、種々協議した結果、大勢は各自適当な教会に分散するよりも、力を合わせて教会建設にまい進し、積極的に伝道に当たるべし、という方向に傾いたので、七月さらに『憩いの家』において協議会を開き、教会建設に関する具体的な問題について打ち合わせを行った。かくして進むべき道も明らかになり、秋以降は力を合わせて集会の発展を図り、その内容も次第に充実するに至った。この間に援助を受けたのは、北森、福田、渡辺善太等の諸先生であり、大牧者なるキリストと見えざる教会とを信じつつ、会員一人一人も集会に責任を持ってあたった。然しながら、このような状況の下にあって、われわれの集会には切実な二つの祈りがあった。その第一は牧者が与えられた教会として歩みたいということであり、その第二は教会堂の与えられることであった。……牧師招聘のほうは容易に進まなかった。一つは赤岩問題及びこれに伴う分裂がキリスト教会の大きな問題となり、あえて火中の栗を拾おうとする人がいなかったのと、二つに分裂した教会の牧会が困難を伴うと考えられたからであろう。だが、単に交わりを深めるだけでなく、力を尽くして伝道の技に当たりたいと望んでいた会員一同は、何とかしてよい牧者を迎えたいと切望し、種々心を砕いた。それまで親しく会員の相談相手となってきていただいた北森教授を置いてほかにないとの結論に達し、無理を押してお願いしたところ、引き受けていただいたので、ここに北森教授を主管者代務者(東京神学大学の取り決めで主管者となることはできなかった)として迎え、教会設立の運びに至り昭和二五年五月二八日ペンテコステの聖日に恵泉女学園において教会設立式および牧師就任式を挙行した。……教会設立と同時に創られた会堂建設委員会はこの状況下で、まず適当な敷地を確保するために方々を探索し、会員の住所の関係から小田急線沿線を適当とすること、新宿から経堂までの間すでにほとんど各駅ごとに教会が存在し、経堂には南北二つの教会があること、教会設立の趣旨からも開拓的な伝道活動に適した土地が望ましいということ、など考えて経堂から先を物色しようとした時、客員として礼拝に出席していた井伊求兄（当時田園調布教会員）より同市所有の千歳船橋の土地一〇〇坪を譲渡しようとの申し出があり、協議の結果感謝してこれを受けることとなった。こうして土地問題が解決したので、それまで集まっていた献金をもとにし、教団の会堂建築資金三六万円を申請し、教会建築に特別の関心を持つ小林陽太郎、佐藤伸利両氏に設計を依頼し、これに基づいて五一年末、木造平屋建、二四・九坪の会堂建築について八一万九〇〇〇円を以って暁組と契約を結び、翌年一月一三日に定礎式を行った。暁組は教会関係建築業者として極めて良心的に仕事に当たり、四月二〇日に献堂式を挙げることが出来た。……小田急線千歳船橋駅からそれほど遠くない地に会堂を与えられた。その年の総会で、教会名を千歳船橋教会と改め、教会員一同はここで二つの決意をした。一つは三年間の変則的な歩みの為に片よってしまっている教会の内部体制を立て直すことであり、もう一つは千歳船橋の地域に対する伝道の責任を負っていくことであった。この二つによって、教会が担っている創立時の問題性を克服しながら新しい信徒の交わりとしての教会を建設しようということであった。それまで会堂を持たなかった教会は、祈祷会は信徒の家庭で回り持ちに開かれ、それが教会員の交わりを深めるとともに、新しい人々を迎え入れる一つの場となっていた。だが、会堂を与えられた機会に、教会の社会的責任も考え、以後木曜の夜も、教会堂において祈祷会を守ることとなった。これが第一の変化であった。続いて五月の相談会で教会学校を設けて地域に対する伝道を進めようという提案がなされ、及川徳弥兄ら四名が準備委員となり、八月には二回にわたって子供会を開いて近くの子供たちに呼びかけ、同年九月開校に至った。……他方、教会は信徒の訓練の為に二つの集会を毎月一回礼拝後開いた。一つは神学研究会、他は信仰と社会生活研究会であった。前者についてはバルトの『啓示・社会・神学』やブルンナーの『聖書の真理の性格』を読んだりしたが、参加者が次第に限られるようになり、やがて息切れがして、いつとはなしに中絶の形となってしまった。後者については隅谷が責任者となり、『今日の社会におけるキリスト者と政治問題』等をテキストとしたり、その時々の問題を取り上げたりして、その後も細々ながら今日まで続いている。……オルガニスト西牟田和子姉の指導で聖歌隊も生まれ、月一回礼拝に奉仕することとなった。このような教会共生の場は教会創立の時に負っていた傷を覆ってしまった。西原教会と呼ばれたころの教会の面影は、どこにも見出すことは困難であり、新しい千歳船橋教会が誕生したのである。

隅谷三喜男の記録にあるように、北森嘉蔵牧師が東京神学大学から一つの教会の主任担任牧師となるには主管代務者という名称を以って、その任に就かなければならなかった。当時、日本基督教団はさまざまな宗派の教会が入り乱れて日本基督教団として一つにまとまることは困難に見えた。東京神学大学の重鎮である北森嘉蔵教授を特定の教会の主任牧師にすることは例外であり、そのような規約は皆無であった。敗戦後の日本はいかに生きるかに必死であり、気迫は漲ってはいたが、物のない時代にキリスト教信徒が力を合わせて教会堂建設に奔走したことは、北森嘉蔵牧師が、満を持して一介の伝道師のごとく信徒を励まし、全力を尽くして信徒とともに歩んだその使命感の強さによるものであろう。

信徒の一人である小山田恭子姉は北森教授が千歳船橋教会の牧師になることを決意して懇談会に訪れた当時のことを次のように語った。――赤岩栄牧師が牧会した上原教会の信徒たちは北森教授の「神の痛みの神学」に関する講演を教会で聞いている。しかし赤岩牧師の「共産党入党宣言」に衝撃を受けて分裂した信徒たちの力で創立した千歳船橋教会の担任牧師を北森教授がやすやすと引き受けてくれるとは思わなかっただろう。小山田恭子は信徒の自宅で礼拝を守っていた時、東京神学大学の教授連の中でも特に北森嘉蔵から多くの神学的知識を与えられていた。その後、懇談会が持たれたときに彼女は北森牧師が大学の偉い先生であり、神学者として右に出る者はいないと懇談会に参加した神学生から聞いた。このように偉い方がこの教会の牧師になってくれるのならば、どんなに心強くこの教会の未来も前途洋洋であると待ち構えていた。彼女はこうした気持ちを不遜な野望と言った。

懇談会に現れた北森嘉蔵は「明るい紺の背広に紺系統のネクタイを締められた三十二、三歳の青年でいらした。この方が日本一えらい神学者とすれば、いささか軽量でいらっしゃるとは失礼ながら偽らざる感想である。しかし、お若くあろうと痩せて軽くあられようとも、この先生におすがりするほかにはこの群れが立ち行く瀬はない。世間知らずの向う見ずが本領である私は遮二無二先生を獲得しようとたくらんだ。一番後方の席から『この群れに先生が牧師としてきていただけないでしょうか』という意味のことを口走って隅谷さんからその失礼をたしなめられた。この問題はその後どうなったのかしばらく沙汰やみとなったかの感で、一度はあきらめてしまった。どのような方々のお骨折りがあったのか、先生の方にどのような御心が働いたのか、また神様がどのように御憐れみをくださったのか、私のお祈り願いは結果においては実現して現在に至っている……」。この記録は小山田恭子姉が『教会通信』創立一〇周年記念号に書かれたものである。当時の信徒たちの切迫した思いが切実に表れている。小山田恭子、竹本哲子を筆頭に形成された婦人会はこの教会の発展に大きく貢献した。「教会が建ったら私たちは本当に教会の『隅の親石』になろう。伝道しよう。あのような試練にあっても、神様から守られている私たちは教会を建てたのだもの」と誓い合った。

北森嘉蔵を主任担任牧師として発展した千歳船橋教会はその間多くの牧師が多忙な北森牧師を支えながら、世田谷の一角にある桜丘にキリスト教伝道の場を盤石なものとした。北森牧師は千歳船橋教会の主任担任牧師として四六年間勤め上げげた。北森牧師が退職した後に彼の弟子である熊沢義宣牧師が就任したが、熊沢牧師は、三年後に病を得て、長い入院生活をしていたが二〇〇二年八月七日に召されて後、次の主任担任牧師が決まるまでの間、副担任であった辻順子牧師が半年間主任牧師となり、その後、熊沢牧師の弟子である東京神学大学教授の朴憲郁牧師が主任担任牧師として千歳船橋教会を兼務牧会した。朴牧師は千歳船橋教会の伝統を引き継いで教会を支えた。

二　日曜学校廃止論との戦い

赤岩牧師の思想を受け継ぐ上原教会から離脱した信者から成り立つ千歳船橋教会において、当初赤岩牧師の思想、すなわち悪しきバルト主義を反映して、日曜学校は不要のものであるとする問題から、新たな千歳船橋教会設立に際して日曜学校をいかにするかが問題となった。教会建設において日曜学校を開始するとすればそれなりの教会建築設計が必要となる。ここで、北森牧師の戦いが始まる。日曜学校は教会の一部であり、そこで教育された子どもの成長が次第にキリスト者として成長してゆくことは当然のことである。しかし、赤岩牧師が牧会するところの上原教会には日曜学校がなかった。それは赤岩牧師の心情において教会の行事が整然とかつ厳格に行われていたからである。日曜学校を教会学校と改名して開催された千歳船橋教会が、四十年記念会を開催した時の北森牧師の「日曜学校廃止論との戦い」というメッセージに込められた教会学校教育の重要性を記す。

教会学校四十年の歴史を顧みるとき、最も強烈な印象を私に残しているのは日曜学校廃止論の勃発とそれに対する戦いのことである。印象が強烈であったのは、その論の主唱者が代々木上原教会の赤岩栄牧師であったからである。千歳船橋教会は代々木上原教会が分裂して生まれた教会であり、会員の大部分は赤岩牧師によって育てられた人々であった。分裂によって、一応二つの教会は相互に独立しており、私たちの教会が赤岩牧師に対して直接責任を負うことはなくなっていたが、しかし縁は絶ちがたく、影響が幾分残っていた。赤岩牧師の日曜学校廃止論は大略、次のような内容である。——聖書の教えは、「罪」の許しの教えによって明らかのように、人間が自覚的存在、いわゆる実存にまで成長して始めて理解されるものであって、それ以前の段階では理解できないものである。したがって、日曜学校が幼年時代の人間に聖書を教えるのは不可能事を企てることであって、それを強行すれば虚偽と偽善を生み出すであろう。単純な「子供会」をするなら認めてもよいが、宗教教育をしようとするならば、そういったものは廃止したほうが良い。——

この赤岩理論は急激に盛んになり、日本全体に影響を与えた。そこで、同志が語り合って、抵抗運動を始めた。私が最も信頼した同志は、岩村信二氏であった。その当時私が考えていたのは、聖書を教科内容に即して判断することであった。確かに「罪の許し」というようなことは、実存にまで成長していないと理解できないから、そういう内容は「種まき」のたとえに従って子どもの魂の上に「播いて」置けばよい。そのうち必ず種は芽を出すであろう。しかし「罪の許し」の教科内容の前提となる罪の悔い改めの教科内容は「実存」となってからでは遅いのである。人間は「物ごころつく」頃には「いかに上手に嘘をつくか」を考えている。「嘘」そのものを罪と考えることをしないのである。つまりモーセの十戒の中に示されている「嘘をつくな」という律法の教科内容は、「物心ついて」からでは遅いのである。日本人に罪が解らないといわれるのは、このためである。この律法という教科内容は、幼少時から、「母親の乳と一緒に」与えるようにしなければならない。ここに教会教育の必然がある。

この趣旨には誰もが賛成し、ここに千歳船橋教会は教会学校創立四〇年を迎えた。初代校長であった信徒の及川徳弥兄が長い間校長を務めた。社会状況の変化も含めて、教会学校の子どもの数が減少したが、たとえ一人でも教会学校の先生方は骨身惜しまず子供たちを教えた。北森牧師も教会学校の教師として駆り出されることがあったが、彼は決して子どもたちに迎合することなく、子どもたちにたとえ話をさまざまに駆使してキリスト教の本筋を語った。三代目の千歳船橋教会の牧師になった朴憲郁牧師は、かつて神学生であった時に北森牧師が神学生に語ったことをそのまま教会学校の教師たちに語っていることを知った。「福音を語る教師には聖書の学びと神学的バックボーンがなければならない。然しそれはバックにあるのであって、語りの前面に出てはならない。背骨を包むやわらかい厚い肉がなくてはならない。だが同時に、生徒に福音をわかりやすく語ろうとして付近をゆがめたり薄めたりしてはならない」。

未だ物心つくかつかないかの少年少女たちにもわかりやすく、聖書や神について語るその語り口の見事さは彼らの心に鳴り響いた。当時、中学生であった教会員の脇坂明美姉はクリスマス祝会の後に行われた北森牧師の話を今も大きな衝撃となって記憶している。「神という字は『示』に『申す』と書きます。『申す』というのは雲の中に稲妻が走っていて、これは大変に怖い。この怖いことを示しているのが神様です。しかし、怖いことだけを示すというのでは、人間にとって近寄りがたいので最もかわいい赤ちゃんの姿として人間に示されたのです、それが『クリスマス』です」。

北森牧師の説教はこのような趣旨のもとに、いかなる場合にも、たとえ一般聴衆に対しても教会で信徒に話す場合と同じように語る姿勢は一貫して変わらなかった。それゆえ、教会員はすべからく神学的教養を積み、千歳船橋教会で礼拝後に行われる神学研究会は長い間盛況を呈した。『神の痛みの神学』や仏教の曹洞宗の道元の『正法眼蔵』や浄土真宗の親鸞の『歎異抄』を自ら解説した。教会員も熱心にその講義を聴いた。

一九六一年クリスマス、北森牧師によって受洗した雨貝行麿牧師は、当時教育大学（筑波大学）で哲学を学んでいた学生であった。当時を追想して彼は次のように千歳船橋教会の雰囲気を語った。

「教会には新参者の私にさえ豊かな経験を与えて下さる、奥行きの深い方々が多く、自由な雰囲気がありました。人格的な交わりを形成し、それを大切にする確かな決意があり、同時にそれは北森先生の説教と教会形成の方針であるように思われました。私はこの人格形成の在り方に本当に深い敬意と憧れを抱き、ひそかに、それゆえに孤独に、人生の目標を定め始めました。人間実存のテーマは倫理学によってではなく、教会における経験と神学的な考察によってより一層深く到達する新しい発見に近づきました」。

彼はその後神学大学に編入した。北森牧師は当時四三歳で教会設立から一〇年経過していた。神学大学での北森牧師を雨貝牧師は次のように語った(6)。

「神学大学では、教会と大学を兼任しておられる先生方がおりましたが、私の見るところでは、その方々はおしなべて教会にウエイトを置かれ、講義には手を抜かれることがありました。しかし、北森先生は大学と教会、それぞれをきちんとされておられました。大学では主として上級の信条学を担当され、後進の神学的思惟を育てるということに丁寧で、紳士的でした。先生は、ノートとチョークを持って教室に見えます。チョークに白いチリ紙をひと巻します。それを見たあるクラスメイトは気障と言いますが、結核を病んだ経験のあるクラスメイトは、あの世代は結核感染を警戒し、埃はそれほどまでに気になるのだと味方して、教卓に座られる姿に憧れていました。独創的な神学を構想された神学者として憧れる神学生もいましたが、先生ご自身は距離をおかれるようでした。……ご自身の独創的な思想を、講義にはむしろ禁欲されて学生たちの将来使える伝統的で、やや保守的な教会の個性を尊重されて神学教育に当たられていました。同志社神学部にも出向されて、そのリベラルな方向に理解を示されたのは、その方向が日本基督教団の神学形成にとって、不可欠と受け止められたからでしょう。貴重なお働きでした」。

北森牧師が彼に語った印象的な言葉に「水鳥の足かき」という言葉がある。外からは平然と水の上を泳いでいるように見えても、実は外からは見えない水底では必死に足を動かしている様子を語った。いかにも泰然自若とした様子で人々と対峙していても、その道に専心している人は、皆見えないところで人一倍努力しているということを伝えた。雨貝牧師はパウロが殉教の後、ますます伝道の道が広がったように、北森牧師もまた時宜にかなった装いで、北森神学が一層多くの読者を得て、まさに北森ルネサンスの始まりと言っても過言ではないと賞賛している。

三　養子縁組と「贖罪論」

一九七〇年、北森嘉蔵牧師五三歳の時、縁あってすでに一七歳に成長した青年義明を養子に迎えた。その時、義明は高校生であったが順天堂大学に入学し後に東北大学大学院へ進学して励み、順天堂大学体育学部の教授になって祖母亡き後の父北森嘉蔵を支えた。義明の結婚相手には嘉蔵の姪が選ばれ、母はこれで北森家の血縁を絶やすことがないと安心し嘉蔵も同調した。後に北森は二児の孫を授かることになる。

母アイの息子嘉蔵に対する愛は一般的な母性愛とは異なり、畏敬の念に充ちた厳かなものであった。

確かに、いかに息子とはいえ、彼は牧師であり、神に仕える身である。自分だけのものではなく全世界のキリスト者を導く牧者である。大事な一人息子に並みの生活を望むことは冒瀆とさえ思えた。しかも、息子は肺を患い、時折高熱を出して病に伏し病院に病臥することが何度でもある。一般的な結婚生活を望むことは酷と思えた。しかし、息子を一人にしておくことはできない。自分がこの世を去った後に彼は路頭に迷うだろう。

北森嘉蔵を敬愛する多くの女性は絶えなかった。しかし、生卵も自分で割ることもできず、魚の骨をすべてとって食べさせるという大切な育てられ方をした息子の嫁に来る人はいないだろう。しかも母の外に叔母が同居していた。北森嘉蔵はこのような母や叔母の二人がかりで育てられたのである。しかも、母は息子に彼を慕う女性たちから逃れる術を教えた。「対面していて危険を感じたら、即、理由もなく逃げるべし」の掟は彼の脳裏を駆け巡った。時として自分の目にかなう女性が現れて危険を感じると彼は母の忠告通りに理由も告げずに脱兎のごとく逃げた。彼が五高時代につけられたあだ名は「ロバ」である。彼が女性の前から唐突に消え去る光景はまるでロバのように鈍く、サラブレットのように見事なものではなかった。

その頃、彼が取り組んだ課題は「神の苦難の問題」であり、続いて「贖罪論」である。北森はすでに日本にプロテスタント・キリスト教が導入されたときに、植村正久の書いた文章に「神の痛みの神学」を重ねた。すなわち、「神は言うべからざる苦痛をなめ、痛ましき手続きを経、身を犠牲にして人の為に赦罪の道を開きたり」(『植村正久全集』第四巻)。植村は贖罪の現実を「痛ましき手続き」と言う。以前から贖罪論は日本において議論されていたはずであるのだが、あまり議論の俎上に上がらない。そのことについて山谷省吾（聖書学者）の『聖書事典』には「新約聖書は贖いということの事実については語っているが、贖いがどうして成り立つのかという筋道、すなわち贖罪論については語らない。贖いのギリシャ語は元来奴隷に売られていた非人間をお金を出して買い戻すという意味であり、奴隷解放と十字架上で屠られたキリストとどんな関係にあるのかその点を教会に解き明かしをゆだねた」のだろうという。山谷省吾の言っていることがはたして正しいかどうかを一二世紀にさかのぼって考えてみよう。一〇世紀のイギリスのアンセルムス（カンタベリー大司教、スコラ学者）が初めて贖罪論を書いた。『神はなぜ人と成り給うたか』という著作である。

それではこの贖罪論がこれまでどのような内容でキリスト教会に浸透していったのだろう。今、少し、北森の論に耳を傾けてみよう。彼は「自乗された神」というテーマで十字架の上で贖罪の死を遂げたキリスト論を展開している。

アンセルムスの学説は二〇世紀になって批判が相次ぎ「贖罪論」は教会に委ねられるようになった。正統神学とされたアンセルムスの贖罪論をはじめに批判したのはルドルフ・オットー（ドイツの哲学者）で、彼は『聖なるもの』という著作でアンセルムスの贖罪論は人間の罪によって神の栄光は破損されたのだから、神の正義はこの破損に対して賠償を求める。神は同時に愛であるから、罪人を救わんとするが、しかし神の正義はこの愛の無制限な働きを許さず、ただ、正義が賠償によって充足される条件のもとでは、愛は働きえないであろう。しかし、罪の賠償は人間によってはなされ得ない。そこでイエス・キリストという神人、神にして人である神が人間の贖罪を負った。イエス・キリストの生と死によって初めて神の正義の要求が充足されたのである。この充足説に対して最も的を射た贖罪論はスウェーデンの神学者グスタフ・アウレンによる『勝利者キリスト』と題する著作である。充足説の質的側面の欠如を指摘したアウレンによれば充足説はラテン系であり、また、著しく法律的色彩を帯び、「法理論的」な要素が著しい。ここに、贖罪論の新たな出発点がある。北森は「アウレンがキリストの死が勝利のみを強調して、神の怒りと愛との闘争が十字架の真相である限り、この闘争は勝利に至る前に、それ自体固有の質を持たねばならぬ。この質こそ神の痛みである。アウレンの古典型とアンセルムスのラテン型とが具体的に総合されるに至るならば、その場合こそ『神の痛みに基礎づけられし愛』が全き層においてあらわになるであろう」と言明している。

なお、贖罪論には充足説のほかに刑罰説があり、これは宗教改革者たちによってとなえられた贖罪論である。この贖罪論は今日まで福音主義的な立場として考えられ、プロテスタント正統主義によって継承されたが、今日では充足説と混合した形に転化していると北森は述べている。

また、北森は「ヨブ記」について詳細に解説しているが、そこには北森独特の解釈が描かれている。「ウズの地にヨブという名の人があった」に始まる「ヨブ記」は信仰厚く心豊かな人間として暮らしていたヨブが、ある日、神がヨブを試みようとして数々の苦難を与え、しまいには何もかも失い肉体もボロボロになってしまったが、ヨブは決して神への信仰を失わなかった。そこで、神はヨブを元通りの豊かな人へと変えてこの話はハッピーエンドに終わったという話である。苦難のクライマックスを過ぎて下り坂で幸福になるという富士山型がこの「ヨブ記」の話に象徴されている。このような話の展開を北森は富士山型と命名する。

だがしかし、逆さ富士というもう一つの現象がある。北森は「ヨブ記」の下り坂を逆さ富士と名付ける。逆さ富士は富士山が麓の湖に影を映した姿である。いわば幻である。物事には実態ともう一つの影の部分があることを北森は深層心理的に逆さ富士と名付けたのである。すなわち、「一つの頂上は真理の実態であるが、他の一つの頂上は真理の影である」。

一九九四年の教会夏季修養会の主題説教は「贖罪論の再構築に向かって」というものであった。同年の一日修養会では「日本における贖罪信仰の展開――身代わりの論」であった。前者は贖罪論の歴史を語りアウレンの『勝利者キリスト』で終わったが後者の論は極めて特異なものであるために全文を掲載する。

今まで私は説教の中で、日本という言葉を使って話したことはないが、今日は、はっきりと説教の題に日本という言葉を入れた。そのことから始めたい。日本とは、世界における国家の一つであるが、新約聖書が、この国家を福音と結びつけて考えるときに、どういうことを考えているか。使徒行伝一七章二六節、「神は、一人の人からすべての民族を作り出して、地上のいたるところに住まわせ、季節を決め、彼らの居住地の境界をお決めになりました。これは、人に神を求めさせるためであり、また、彼らが探し求めさえすれば、神を見いだすことができるようにということなのです」。

これは非常に不思議な言葉であって、神様が一人の人（アダム）から全人類をおつくりになり、地球の上に住まわせたもうた。その目的は何かということはこの箇所以外にはほとんど語られていない。民族が分かれていて、地上に住み、活躍する地域と時代とそれぞれ区別されているのは、何のためであるかということについて聖書は驚くべきことを書いている。二七節「これは人に神を求めさせるためであり、彼らが探し求めさえすれば、神を見いだすことができるようにするためである」。ここに、民族ということと、神を探して見出すこととが結びついている。民族が分かれているのは、偶然分かれているのではなく、神を求めて見出すことができるためであるというのである。これは実に不思議な言葉であるが、ここに、信仰における国家の意味ということが、はっきり記されている。日本が地球上で活躍する時代と、活躍する居住の境が定められているのは、神を求めて見出すためである。日本民族もその一つとして、そのような目的を持って、地上に存在しているということである。今、私たちは、古代教会以来語り継がれてきた「贖罪」ということを学んでみて、聖書で語ろうとしている「贖罪信仰」を探求して結論に至るためである。そのように読まないと聖書の言葉が、見物席で見ている舞台のようになってしまう。古代以来、いろいろな民族が次々に現れ、舞台の上で活躍して消えてゆく、それを日本人は、見物席に座って眺めていればよい、ということになってしまう。しかし、聖書は座って眺めていればよいという書物ではない。そこで、日本人にも「贖罪信仰」を追求する責任がある。ということで「日本における贖罪信仰の展開」という題をあえてつけた。私たちは見物席に座っていてはならない。私たちは当事者として、神から「贖罪」とはどういうことかを探求するべく責任を負わされている。私たちが考えてきた贖罪の問題には、神様の「つらさ」が示されている。罪人の救いのために、御独り子を死なしめたもう父なる神のみ心を、一言で表せば、神様の「つらさ」と言えるのではないか。この「つらさ」については、ギリシャ民族は無感覚である。ギリシャ精神は、ギリシャ哲学とギリシャ悲劇によって代表されるが、キリスト教神学に貢献したのはギリシャ哲学の方で、ギリシャ悲劇は無関心であり、キリスト教神学と結びつかなかった。しかし、私たちの場合は「贖罪」を考えるとき、日本民族の心の代表である「つらさ」と結びつけていると考えられるのではないか。神の姿の把握である神観において、痛みを最も重大な関心事とした日本民族は、神の姿を仰ぐときにも、この「つらさ」への感覚をあげて神に奉仕するべきではないか。その時に神様の本当の心が、ギリシャ民族にも、ゲルマン民族にもわからなかった御心が、わかるのではないか。

今日は、そのために、歌舞伎の代表的な作品である『寺子屋』のビデオを見ていただいて、日本民族が、感動してきた内容がどういうものであったかを、教会員に認識してもらいたいと思う。

教会員一同は北森牧師の持参したビデオ『歌舞伎　寺子屋』を見ながら北森神学の醍醐味を真に理解し、「身代わりの山羊」であるキリストとその父なる神の痛み（つらさ）を分かち合ったのである。[7]

四　千歳船橋教会の特徴

北森嘉蔵牧師が四六年間もの長い間牧会した千歳船橋教会は牧師の特殊性や社会的認知度の高さからその特徴は極めて特異なものである。それゆえに、教会は常に分裂し、よみがえり、また分裂しながら発展してきたという宿命を担った感がある。北森牧師の説教には定評があった。牧師が説教する時には、多くの場合、説教のあらすじを書いておくという準備がなされている。したがって、土曜日は牧師は全く世間の出来事から隔離され、沈思黙考しながら明日の説教を準備する。したがって、説教の内容に関して意見をはさむなど言語道断であった。しかし、北森牧師は全く異なったスタイルで説教をした。牧師は聖書だけを抱えて壇上に上がり、説教はほとんど「アドリブ」であり、極めて感動的であった。「今日は本邦初封切の映画を披露します」という前座から始まる説教は一種独特で一般の神学者のそれとは異質で面白く、一般的な教書には見られない独特のムードを持っていた。それを教会員は感動しながら聞いた。しかも、その内容は一般の説教とは異なり難しい言葉が羅列していた。媒介概念とか「パラデドナイ」、「スプラングニゾマイ」などギリシャ語を縦横に駆使しての説教であるにもかかわらず、信徒は皆その語り口に引き付けられた。しかも、説教が終わると、彼は今日、説教したことの感想を教会員に求めるのであった。発想の転換が絶妙で、どのように難しい説教でも信徒の耳にはそれが美しく鳴り響く琴の音のようにすべらかで、各人は皆うっとりとその音に浸された。教会学校で子供たちに話すときも同じ調子で決してレベルを崩さず子供たちをも感動させた。

1968 年 5 月　伝道集会

北森神学の真髄は彼の神学を説教に絡ませることであり、それを平易にしかも人の目をくまなく澄ましめ、感応することができるようにと祈りながら語るのであった。彼は自らの編み出した「十字架の神学」を人に説教する伝道者としての使命をも持っていた。その意味で彼はいかにも磊落に語りながら、しっかりと伝道的原動力に不可欠な宣教内容を思想的・哲学的に整え、キリスト教を伝道する優れたキリスト教弁証家に類似していた。彼は現代プロテスタント・キリスト教が生んだ優れた弁証士であった。

北森には独特の雰囲気があり、男女を問わずそれに引き寄せられるオーラがあった。彼の心情は「教会へいそいそと出かけることができればそれでよい」であり、「いそいそ」という言葉に込められた彼の言葉の中に毎週一回男女を問わずキリストに会うために心身ともに晴れやかに、さながら恋する人に会いに行くがごとくに足が教会へと動くことが大事なのであった。それにはキリストを代弁する牧師の説教が魅力的でなければならない。いそいそと教会に出かけるその足取りの中には北森牧師の説教がいかに心弾む魅力的なものでなければならないのかを北森自身が十分に知っており、常にそれを心がけていた。その意味において千歳船橋教会は一流の神学者の説教でなければ満足せず、いわゆる一般的な牧師の説教とは質が異なっていた。はたして、この教会で北森嘉蔵牧師以外の牧師が牧会することは可能であるのかと危惧するほど、教会員は北森牧師の語り口にどっぷりと浸かっていた。

彼は、また、青年会やシオン会（働く女性の会・千歳船橋教会にしか見られなかった独特の会）に重点を置き、彼ら若者たちへの伝道に努めた。青年たちは未熟で手さぐりで何もかも理解しなければならず、少しのことにも傷つき悩む世代である。北森牧師はそんな彼らのデリケートな心をよく理解していたが、決して彼らを甘やかすことをせず、厳しく辛辣で近寄りがたい印象を与えもした。だが、彼の視線は鋭く注がれてもその奥にある優しさを彼らは知っていた。

年中行事のように、お正月になると青年会の面々は彼の自宅に招かれ、「百人一首」、「かるた会」などをして日本人のお正月の過ごし方を楽しんだ。北森の母は大勢で訪れる若い人たちのために前日から大忙しで準備をし、手間暇かけて心のこもった美しいちらしずしやお汁粉を馳走した。また、庭の一隅に建てられたお茶室で母アイのお点前に、わび、さびを共有し、北森神学の原点である日本文化が生活の中にも調和していた。彼らはこうした牧師の母の心遣いをどれほどうれしく感謝したことだろう。教会では決して見せたことのない寛がれた姿で大島の紬と黒い足袋を履いてお正月らしく和服をきちんと決め、こぼれるような笑顔で出迎えてくれた北森牧師を彼らは決して忘れないだろう。

だが、教会の役員会では北森牧師に迫る危機的状況を三項目に挙げていかにするべきかを議論したこともあった。「北森牧師の戦い」について一九九一年に役員会は次に述べるような課題を議論している。

第一に『神の痛みの神学』は「父神受苦説」というギリシャ以来の神観にもとづくもので異端ではないか。神は決して苦しんだり痛んだりはしないものである。

第二に日本の神学界を圧倒していたバルト神学への痛烈な批判を、いかにかわすか。

第三に教団内の反キリスト対策（第七章で述べる）

この種の問題を論じているうちに信徒同士が互いに白熱していさかいが起こることもあり、ある場合は信徒が意見の食い違いで集団的に脱会するという悲劇さえ起こったほどである。

しかし、北森神学は多くの信徒たちの手で死守された。ギリシャの神観はアリウスに代表される偶像礼拝教であり、そこに現れたアタナシオスがキリストは神と本質を同じくするというこの言葉で三位一体の神概念が定着することになった。キリストは神の子でありルターの言うごとく「十字架の上で神と神が戦った」というとらえ方をした。つまり、父と子が十字架の上で戦うことを意味する。十字架上でイエスが息を引き取る数時間前に叫んだ言葉は「エロイ、エロイ、ラマ、サバクタニ」（詩二二）である。この文面の解釈の仕方は二通りあり、イエスは詩編二二編の冒頭を叫んで息を引き取ったという解釈とさらに詩編の終わりまで叫んでから安らかに息を引き取ったというものである。ギリシャ的キリスト教は父なる神が子を人間に受肉させる。受肉させた自分の独り子が死んだということには関心がない。十字架は何の意味も持たない。だが、十字架の神学であるキリスト教は神が苦しまないという神観ではなく、父なる神も子なるキリストも同じように苦しみ痛む神である。苦しみ痛む神の存在について日本では歌舞伎のセリフの中に「つらさ」という表現を用いる。最もよく知られている日本人の心の痛みは日本の古典芸能の歌舞伎で語られることが多いことはすでに述べた。「菅原伝授手習鏡」の中の寺子屋の下りで敵を助けるために自分の独り子を殺す。その時の父母の痛みは「つらさ」という言葉で表現される。「つらさ」を一般的な言葉に直せば「痛み」に呼応する。

北森牧師は日本文化を取り込んだキリスト教でなければ日本にキリスト教が土着しないと考えていた。当時、副牧師として北森牧師を助けていた並河光雄伝道師は北森牧師の歌舞伎の講釈を熱心に聴いていたのだが、その解説が綿密でわかりやすく、歌舞伎の何たるかも知らない人でも良く理解できるような語り口であったという。彼が歌舞伎に連れて行ってもらった時の演目は「弁慶上使」で、彼はいまだに忘れられない北森嘉蔵の解説だったと、北森牧師退官記念文集に書いた。弁慶が修業時代の若い時に一度女性とちぎったという伝説に基づいて演じられる歌舞伎であった。ある時、弁慶はその女性と自分の娘に再会するが、その時、弁慶は自分の主人である源義経の奥方（静御前）の身代わりとして二人を刺し殺すという物語である。この解説には娘を刺し殺す父親の心の痛みは父なる神が自分の独り子を、人間の罪のために十字架につけて殺す、その父なる神の痛みに通ずると北森牧師は解説した。並河は北森牧師が歌舞伎を楽しんでいるときも神の痛みの神学を常に念頭に置いていることにひどく驚かされた。

北森神学の真髄が歌舞伎の演目の中に多く入り込んでおり、父なる神が子なるイエスを死に至らしめることの「辛さ、痛み」はいかばかりかと北森牧師は語り聞かせるのであった。森本あんり（国際基督教大学教授）が「つらさ」をいかに英語に翻訳して学生たちに解説するかに苦労したと述べたが、それは「心の痛み」で十分に間に合うのである。

このようにして千歳船橋教会は北森神学一辺倒になり、信徒の目も耳も口も神学論争に費やされた。「ただ、信仰あるのみ」という信仰義認の立場からすれば若干滑稽である。しかし、北森牧師は「もっと度の強い信仰」を信徒に負わせ、信徒はギリシャ語やヘブライ語に至るまで勉強する羽目になった。それに反発する信徒は教会から去って行った。立ち去った信徒の多くは北森牧師の真髄を曲解するばかりで、その前途は多難な日常であったと思われる。

北森牧師は重大な手術をしなければならない信徒のそばに寄り添い、死に行く人の枕辺に座って祈った。このように、北森牧師の牧会は徹底していた。並河伝道師は教会の重鎮であった林千丈兄が危篤状態になり北森先生の名前を呟き続けていると林夫人から聞いた。その時、北森牧師は大腿骨骨折で入院していた。急遽、並河伝道師が北森牧師の伝言を持参して病床に駆けつけた。その時、彼が北森牧師から与えられた聖書の個所は「ローマ人への手紙」六章三節から一三節、および『神の痛みの神学』（講談社学術文庫）一三四ページの四行目から一三行目であった。並河伝道師は林千丈兄の手を握り聖書を読み、『神の痛みの神学』を読み、苦しげな息遣いをしていた林兄のために祈った。すると、それまでの苦しげな息遣いが止み、数時間後、安らかに天に召されたと林夫人は後で語った。

五　教会堂改築とステンドグラス

千歳船橋教会が創立した当初、教会堂は木造の一軒家のような成り立ちで屋根に十字架が立てられていなければそこが教会であることを知ることは極めて困難であった。その教会が老朽化して新たな教会堂を新築しなければならないという問題が起こった。当時久山康彦（ウエスト・ロス・アンジェルス合同教会牧師）が東京神学大学を卒業する時、北森牧師から教授室に呼び出され、千歳船橋教会の伝道師に赴任する気はないかと尋ねられた。久山牧師はメソジストの伝統の中に育てられ、アメリカの日系人教会で牧会訓練を受けてきた。卒業後、彼は当然アメリカの合同教会へ赴任するであろうと誰も疑わなかった。しかし、北森教授の「持ち味の違いを生かすことが大切なのです。違う持ち味が生かされるときに絶妙の味になるのです」という言葉に促されて千歳船橋教会の伝道師に赴任し北森牧師の補佐を務めることになった。この時、特に問題となっていたのは会堂を新装するという重要な課題で、牧師と伝道師の呼吸が合わなければどうしてもうまくゆかない。久山牧師が赴任してきたときの旧会堂は牧師館はなく、牧師室もシロアリに食われて床が抜けるような有様で、到底教会堂の名にふさわしいものではなかった。このままでは早晩この教会は行きづまると彼は察した。いかに北森牧師の説教が卓越しているとはいえ、そればかりでは信徒は集まらない。普通の教会堂には牧師館があり、伝道集会場があり、教会学校の部屋が用意され、図書室があり、霊安室すら設置されている。北森牧師のように独身で田無に家があり、そこに家族が居住して牧師館を必要としない牧師はそうめったにいるものではない。教会員は牧師館を教会堂に付帯させる経費の面や、これまでの北森牧師の在り方から考えていれば確かに、

千歳船橋教会内　ステンドグラスとパイプオルガン
北森嘉蔵召天記念会場　1998年9月30日

牧師館などは必要不可欠なものであるとは思わなかった。しかし、この先、いつまでも北森牧師が牧会するわけではない。家族ともども牧師館に移り住み牧会に励む牧師が与えられるかもしれなかった。北森牧師と教会員は納得してこれまで以上に経費のかかる教会堂建設に着手した。会堂設計で最も重視したのはステンドクラスである。北森牧師はステンドグラスをこれまでにない千歳船橋教会の象徴となるようなものにしたいと考えていた。ここで、当時ステンドグラス作成においては一流の作者であったカトリック彫刻家で知られる小坂啓二のアトリエで「北森神学を目に見えるようにしましょう」と語る小坂氏と北森牧師はお互いに意気投合して対峙した。小坂氏はスペイン、ヘルビニアンの教会の木製のキリスト像（枝十字架像）に心打たれてスケッチしてきたデッサンを手元に置き、北森神学を象徴するようなキリスト像を披瀝し、北森牧師と語り合った。そのさまをそばで忠実に聴いていた久山伝道師は感動した。神学と芸術の対話であった。それが完成する道程には、具体的な出来事の中で「永遠」に目にとめて生きる青年のような二人の姿が存在した。久山伝道師は感動しながら二人の語り合う姿を眺めていた。彼はこの時の思いを「現実に忙殺されている中で、あの永遠への思いの尊さを今でも忘れず尊いものだと強く感じた」と語った。

久山牧師はアメリカの大都会に生きている日系人の牧会をしている。彼は日本に戻ることはないだろう。アメリカの大都会ほど「神の痛みの神学」が現実に生かされているところはない。麻薬中毒患者、ホームレス、不法移民、少数民族の人たちなども多く、日本のように中流階級の一握りのキリスト教とは全く実態が異なる。そんなところで牧会する久山牧師の根底には北森牧師から学んだ牧会の在り方、説教の仕方が十分に生かされている。彼は現在そのような環境の中で、北森牧師から学んだ言葉を自分のものとして、アメリカの孤独と貧困にあえぐ人たちに語りかける語り部になろうとしている。その言葉が本当に自分の言葉になった時にこそ、彼は北森牧師より授かった多くの教訓を成就したことになり、その神学的視点が自分の言葉となるべく、絶えざる努力をしている。

ステンドグラスが完成するころ、千歳船橋教会の敷地を提供した井伊ハナの娘、原岡寛子姉は「母井伊ハナ昇天記念」としてこの教会堂にかなったガルニエのパイプオルガンをフランスから取り寄せて献上した。西牟田姉とともに長い間教会のオルガン奏者であった原岡姉の願いは、ただ、このオルガンが対外的な伝道の一環として用いられることである。教会の催事にオルガン演奏会が度々開催され、名だたるオルガン奏者が演奏会を開催した。

千歳船橋教会を訪れ会堂の正面を飾るステンドグラスの鮮やかな色彩に心を奪われ、衣をまとった十字架の上のキリストの姿を囲む神の痛みを象徴する両サイドの抽象的な色彩豊かなステンドグラスを見上げ、その横に堂々と据えられているパイプオルガンを眺めながら、千歳船橋教会の信徒たちは十分に生かされ、日々の祈りを忘れず心から神に感謝して日常の仕事に励んでいる。

北森牧師は一九七五年から朝日カルチャーセンターで「北森嘉蔵先生聖書講座」を開講することになり、多くの人たちで会場はうずまった。この朝日カルチャーでの講演を契機に千歳船橋教会へと導かれた信徒は数多く、皆、北森牧師の軽妙な講話に聞き入り共感した人たちである。この講座はカセットテープ全四五巻になり、その中から選んだ聖書講話を教会員の真塩和義兄が責任者となって書き下ろし、教文館から発刊した。この作業は北森牧師が真塩和義兄に与えた遺言であった。この任務を終えると同時に真塩兄は病を得て歩行困難になり、床に臥せったままの状態となった。彼の脳裏には懐かしい若いころの北森牧師の颯爽とした姿と、その軽妙な説教からあふれる神の痛む愛に包まれて心穏やかな世界に遊んでいることだろう。

北森牧師は、また、「日本文化フォーラム」を開催した。宗教の本質が問われているときのことである。彼は仏教思想、哲学、医学、精神医学などの分野から著名な方々と対話しながら北森神学との対話の時間を持った。このフォーラムは大盛況で有楽町外人記者クラブで行われたが「受洗以来の感激」を受けて涙を流したキリスト者たちが参加した。北森牧師の対話の相手になった著名な学者、宗教家、作家たちは中村元、赤星進、今道友信、熊沢義宣、加賀乙彦、佐藤敏夫、百瀬文晃神父、等々の顔ぶれがフォーラムを一層活性化させた。

この時すでに北森牧師はパーキンソン病に罹患しており、並みの人たちのように闊達に歩くことができなかった。しかし、彼は誰の助けも乞わず懸命に歩いた。一人で歩くことが彼の生き様であるかのように。最後の実践の場を離れた時、彼の使命は終わった。彼は八〇歳で教会の牧師を退任した。彼の愛弟子の熊沢義宣が後継者となった。二年後に彼は埼玉県高崎の地にある養護老人ホームで天に召された。養子の義明がいざという時に、即、駆けつけることができるように、高崎の地に移り住み医者と密接に連絡を取りながら父の様態を気遣った。

第六章　「神の痛みの神学」と仏教哲学

一　仏の慈悲と神の痛み

一九六〇年代、北森が四〇歳代の成熟した若き日本の神学者として活躍しているころ、西欧のキリスト教神学には、これまでの近代主義的神概念の革命ともいうべき神学的動きが起こった。ドイツのプロテスタント・キリスト教神学者ユルゲン・モルトマンが神の死はキリスト教神学の原点であると説いたのである。キリスト教は父なる神、子なるキリスト、聖霊の三位一体論によって成立している。それゆえ、いわば絶対者としての父なる神ばかりではなく、父によって十字架につけられた神の子キリストの死が問題になる。これまでのように「苦しまない神」、「絶対者なる神」のようなギリシャ的神概念ではなく、「苦しむ神」、「死に給う神」が本来的なキリスト教の原点であるとしたのである。北森の『神の痛みの神学』はすでに述べたように彼が神学校の学生であった時に提出した卒業論文に端を発している。この書物が単行本として上梓されたのは彼が二九歳の時であった。

本書は一九四七年（『神の痛みの神学』初版）に日本の神学界に登場したがあまり高くは評価されず、カール・バルトの神学が隆盛な時期でもあり、日本では北森神学を評価する神学者は稀であった。北森は神学校を卒業して後に京都大学で西田哲学、田辺哲学を学び、それまでの日本神学界に登場しなかった哲学的弁証法や日本独特の哲学的要素を摂取した。その点でも北森神学を理解する神学者は少数であった。しかも、彼は出生地熊本の気質、いわゆる「肥後もっこす」と言われる根性で、いかなる批判に対しても屈することなくいかなる妥協も許さず、政治的取引に応ぜず、自分が到達した神学を守り通す頑固な県民性を発揮して自らの神学を守り通した。そのために他者、特に旧来の神学者からの軋轢は強かった。それに対峙するかのように、彼はますます日本の古来からの文化、哲学、宗教を論じ始めるようになった。

一九六〇年には奈良康明（当時駒沢大学副学長）を司会者として中村元（東京大学名誉教授）と「私の中のブッダとキリスト――仏の慈悲・神の痛み」と題する対談を行っている。司会者からいかにしてキリストと出会ったのかと問われて北森は次のように語っている。

私は熊本市に生まれまして、家の宗教はやはり浄土真宗でございました。私の祖母が非常に熱心な信者でございまして、母もその影響を受けて、私がまだ小学校に入る前、よく寺に連れて行ってくれました。ずいぶんお坊さんの話を聞いたものです。その後、中学時代には非宗教的でしたが、旧制の第五高等学校に入った一六歳の秋ごろからいささか宗教的になったようです。旧制高等学校の生徒は何でも思想化する癖があったのですが、私もその頃感じたことを短文に綴りまして、高等学校の雑誌に「宗教雑感」という題で投稿したものです。丁度聖書を読み始めたころに書いたものです。当時の旧制高等学校の雰囲気は、トルストイなんかがはやるようなものでしたから、宗教的になると、「歎異抄」などではなく「聖書」にいくんですね。私がキリスト者になった決定的な要因は、中学の終わりごろ家の事情で境遇がすっかり変わったことでした。私はそれをはじめは「偶然」の問題という角度から受け取りました。考えてみれば、生まれたのも偶然、生きているのも偶然、死んでゆくのも偶然、すべて偶然の連続だ。これは解けない問題という風に。そうした中で聖書を読み、イエスのゲッセマネの園の祈りという個所に出会ったのです。「わが心をなさんとに在らず、み旨のままになしたまえ」という祈りです。そこから傷つき、痛むという発想が出てくるんです。そうした中で聖書を読み始めるわけです。……私が電線の上を歩いていた時に電線を踏みはずして起き上がることもできないで苦しんでいるときに、私を包んで私をもう一度立ち直らせ、連れて帰ってくれる。そういう存在に初めて出会い、この時私のところへ来てくれる神は、人間の意志を神の意志に従わせようとする律法の神ではない。私は脱落して落ちているわけですから、電線の外にある。外に落ちているということは、これは叛逆であり、反逆しているものは、とがった錐みたいなものですから、本来はつつむということは出来ない。ところが、キリストは錐のようにとがった存在である反逆者の私を愛の内に包んでくれる神であって、そこから錐を包む袋というのは破れ、傷つき、痛むという発想が出てくるのです。この「神の痛み」が歴史の中に現われたのが、キリストの十字架ということになるのです。歴史的事実として十字架がゴルゴダの丘の上に立てられた時に、本当は神の心の中に十字架が立てられたのだ。神の心の中で立てられた十字架ということですから、「神の痛み」という発想にたどり着いたのです。「三つ子の魂、百まで」といいますが、私が四つか、五つのころお寺に参っているときに受けた一種の意識下の教育がその時にパーと復活して噴き出してきたとも言えるでしょう。それが「悲」という仏教用語です。神が敗れ、傷つき、痛むといわれるとき、その痛みと結びつくのが仏教の「悲」だったのですね。（季刊誌『恒河』創刊号）

「キリスト教こそ、絶対者の『悲』が保障するのではないか」と北森は主張した。阿弥陀の悲は「憐れみ」であり、仏は常に光の中にあり、そこに闇はない。人間は苦しむが、仏は苦しまない。それゆえ、仏の愛は「悲痛」の愛とはなり得ない。愛が「悲痛」となるのは、その愛を絶対に阻止する対立としての「怒り」が実在するときのみである。この怒りの対象をなおも愛する時、初めて愛は単なる「愛情」ではなく「愛情」を超えた「悲痛」となる。絶対者のこの悲痛を仰ぎ見るとき、自己の罪悪を知り懺悔の悲痛を覚える。「懺悔の悲痛から神の悲痛」ではなく「神の悲痛から懺悔の悲痛」へ、「懺悔道のとしての哲学」より「神の痛みの神学」である。キリスト教でこそ、その本来の姿において絶対者の「悲」が保障されるのではないか。自己の怒りを保障する愛こそ、最も固有な意味において「悲痛」と呼ばれるべきである。真理は「対立するものを包む」ところにある。キリスト教は本来十字架の福音として神の悲痛を保障すべき宗教であったにもかかわらず、西洋の神学は直接的内在性や君主的超越性においてのみ理解されていた。

このような考え方を仏教学の方から理解してくれたのは曽我量深（真宗大谷派僧侶、仏教思想家、大谷大学学長）である。北森は『神の痛みの神学』第五版の序文で、曽我量深が『神の痛みの神学』を高く評価され、「悟り」の宗教から「救い」の宗教へと大転換し、仏の悲が厳密に「悲しみ」として受け止められたと言い換えている。曽我量深がこの極致に立った時に北森の「神の痛みの神学」に出会ったのである。「悲」は「悲しみ」にとどまらず、「痛み」に通ずるまでの悲しみでなければならないと彼は主張した。「われらが痛みを感じるときに、我らの痛みを如来が感じ、如来は極みなく激しい痛みを感じ、欲生我国と叫んでいる。如来の激しい痛みである。容易ならぬ願力である」（季刊誌『中道』曽我量深「往生と成仏」昭和四〇年一二月号）。

悲を痛みにまで掘り下げることが仏教界の長老から言明されたことで、北森は日本のキリスト教が西洋風の借り物ではない日本のキリスト教に土着できることを見出したのである

二　カトリックの聖母マリアへの特別崇拝とプロテスタント神学の接点

曽我量深の真宗の教えはカトリック・キリスト教と同質であろう。北森によれば仏教もキリスト教もいずれも他力本願である。しかし、考えようによっては仏教に禅宗があるようにキリスト教にはプロテスタント・キリスト教がある。共に本尊にすがって生きてゆく性質はあるものの、仏教における禅宗は必ずしも他力本願とは言えないのではないか。自ら過酷な禅の修行をして自らの力で人生を開拓するという暗黙の行為がある。もちろん、それに至るまでの道のりにおいて絶えず如来の力が作用していることは確かであるとしても、自力で事をなそうとする修業はただ本尊にすがって生きてゆくというのとは

一味異なったものではあるまいか。同様に、キリスト教においてもプロテスタントはただイエス・キリスト頼みだけではない。何事にもプロテストするという宗教改革の行為そのものは自らとの戦いの中でキリストの贖いを身に受けるという覚悟がある。とはいえ、北森はカトリックもプロテスタントも同じようにキリストの十字架を信仰の対象とする限り他力本願であると主張する。北森にとってカトリックもプロテスタントもみな同じ十字架の御旗のもとに信仰を同じくするのである。仏教もさまざまな宗派があるとしても結局は阿弥陀如来に頼って生きていることに相違はない。北森はあらゆる宗教は「猫型」であると言う。「猿型」と比較しながら次のような解釈をする。ネコ型とは子猫が母猫に首をつかまれるとだらりと垂れ下がっているだけで、首をかまれて持ち上げられればもはや身動きもならず自分の運命をすべて母猫に預けてしまう。サル型は母猿に子猿が必死で捕まっていなければ、走る母猿から振り落とされてしまうので、必死に母猿にしがみつく。この両者の相違を宗教というものは暗示しているのだと北森は磊落に言う。さまざまな宗教にはそれぞれすがる対象がある。仏教では阿弥陀如来であり、キリスト教では父・子・聖霊の三位一体の神であり、イスラム教ではアッラーである。曽我量深の言い得て妙である次のような言葉に象徴される宗教の在り方を、今一度かみしめる必要がある。「我々はやはり、キリスト教でも仏教でも、お互いに語り合うて、そうして別に仏教者がキリスト教に変わるとか、キリスト者が仏教に変わるとか、そういうことをしないでもですね。両方が互いに話し合い、両方が互いに磨いていくということが必要ではなかろうかとこう思うのでございます」（『中道』一一…一二）。

ここに興味ある対談がある。真宗の曽我量深師と禅宗の鈴木大拙の仏教問答である。鈴木大拙と西田幾多郎は北条時敬（旧制四高（現金沢大学）の数学教授）の門下生であるが、彼らはともに数学ではなく哲学者を志した。西田は京都大学の哲学教授になったが鈴木大拙は渡米して長い間米国にキリスト教的な仏教思想を浸透させようとした。帰国後、彼は大谷大学の教授となった。ともあれ、鈴木大拙という仏教学者の存在はキリスト教にとって仏教が今日の生きた問題の一つであると承認させる存在であろうと北森は考えている。日本のキリスト教は仏教的思惟をさらに深く追求し、そこにある根本的な問題所在を明確にしなければならない。キリスト教神学者にとってこれは容易ならぬ重荷に思えるが、日本に居住している限りこの問題を不問に付すことはできない。プロテスタント・キリスト教百年目を迎えて、この問題を回避することは不毛である。これは日本のキリスト教の課題であることを北森は強調した。東洋と西洋のものの感じ方、考え方、価値観の違いが西洋から伝わってきたキリスト教であるからには十分に考えておかなければならない。北森は鈴木大拙の「東洋文化の根底にあるもの」と題して朝日新聞に掲載された記事に注目した（一九五九年一二月二三日掲載）。

東洋と西洋の思想的相違は言うまでもなくキリスト教と仏教の相違に代表される。西洋民族の意識の底にあるものは「分割」ということである。「分割して統治する」という帝国主義の根本原則を分析論理的な知性と結びつけるのはともかくとして、この議論の中にキリスト者として傾聴すべきことが皆無とは言えない。北森はこの議論の中心点は、キリスト教の「父」なる神は、律法と義との神であり、そこからキリスト教に分割の傾向が現れ、西洋で「愛」といわれるものにもなお「力」の残滓があるということを知った。東洋的思想の根底にある見解から、キリスト教に向けられたこのような批判をキリスト者はいかに受け止めるべきか。鈴木大拙の東洋的仏教思想は母なるものによって代表される。「母は無条件の愛で何もかも抱容する。良いとか悪いとかは言わない」。キリスト教は父なる神であり、父は律法と義の象徴である。だが、はたして父は単に律法と義だけの存在であろうか。父にも無条件の愛で子供に接することもある。すべて母なる無条件の愛だけではかえって放任主義になってしまい、秩序が保たれなくなるのではあるまいか。キリスト教の父なる神の愛は律法と義とを貫いて後に、しかも福音において罪人を包摂する「父」なのである。これが「対立者を包む」絶対者である。

鈴木大拙の仏教的禅の思想は世界的に広まり、日本における独自な独特の霊性の極みを解き明かす重要な思想となった。鈴木大拙は西洋文化の根底には悲願というものがなかったという。その種のことは日本文化を語るときにどのように表現するべきか困惑するという。森本あんりによれば北森神学をアメリカの学生に教えるとき歌舞伎の寺子屋などに頻繁に登場する「つらさ」という言葉をいかに教えるかに苦労するといった。「苦しさ」や「悲しさ」は理解できても「つらさ」をいかに外国人に教えるか、北森神学の核心部分を形成するこの種の文言は日本人にとっても若い世代にも理解できない表現である。森本あんりは「神の痛み」が決して固定した永久的な意義を持つものではないと北森が断言していることに救われたという。時代精神がさまざまに変化する中にあって、江戸時代にさかのぼる歌舞伎や義太夫の中の文言の意味も変化する。それこそ「光そのものに在らずして、光を証するものである」であり、その言葉が必要でなくなった時こそ、その言葉が指し示す事柄自体が成就するのである。北森の「神の痛み」もまた同じ土壌で語られていると森本は主張する。まさに「神の痛み」は旅人の業であり、門の外で語られる言葉である。神学とはこの「時」を望み見る旅人の業に過ぎないと語っている。

北森が「神の痛み」という関係概念を二一歳の時から自らの存在証明のごとくに、いかなる軋轢にあっても手放さず頑固に主張し続けていた頃、西欧諸国においても次第に「苦しむ神」が問題の俎上に上がり、一時代のエポックとなった。

一九六〇年、アメリカのドルー大学神学部の教授であるカール・マイケルソンは「キリスト教神学に対する日本の貢献」として北森嘉蔵の『神の痛みの神学』を高く評価して取り上げた。マイケルソンは北森が京都大学時代に哲学を西田・田辺に学んでいることを紹介しつつ、間接的にではあるが、西田幾多郎の言う「西洋のスタイル」で哲学をしながら東洋的、仏教的視点を保持している日本最初のキリスト教哲学者と紹介している。マイケルソンは神の痛みの神学は西洋的スタイルとしては田辺哲学や西田哲学と同じように弁証法的な論理構造を持った神学であると受け止めている。「相即の原理」が働く西洋的スタイルのヘーゲル弁証法と仏教的原理である「相即の原理」の二つを兼ね備えた独特の神学はマイケルソンにはきわめて難解なものに思えたかもしれない。この点から言えば、日本人の形成したキリスト教理解とその神概念がキリスト教思想史の中で注目されたことは、日本文化を世界に広めたという意味では画期的なことである。この神学はその論理構造において西田哲学や田辺哲学の影響下にあった。その意味において京都学派が西洋キリスト教思想の内部で注目され始める契機となったことは驚くべきことである。

だが、しかし、日本の神学界ではそのような解釈はしなかった。なぜ、日本のキリスト教神学界は北森神学に対する拒否反応をしたのだろうか。なぜ、日本では日本文化を認めることに抵抗感があるのだろうか。敗戦の後にすべからく欧米風の価値観を善となし、それ以外はすべて悪とみなす傾向があったからに違いない。

西田哲学も田辺哲学も太平洋戦争の潜在的促進者とみなされる傾向があった。キリスト教神学者はおおおむね欧米で研鑽し、多くの知的財産を日本に運んできた。

これらの日本文化を西洋文化になじませることを忌避した原因となったのかもしれない。敗戦は日本人の価値観さえ変えてしまったのである。和魂洋才の思想が少しずつ復活し始めたのは敗戦後五十年あたりであろう。

一九六二年からカトリック・キリスト教は第二バチカン公会議を開いた。その頃、上智大学で行われていたカトリックとプロテスタントの対話集会に北森も参加し討論会が行われた。カトリック教会では「全世界で宣教しよう」というスローガンのもとに議論を進めていたが、その過程で文化の問題が浮上し、特に東アジアにおいてイエス・キリストの教えをどのように展開したらよいのかということが大きな課題となった。そこで北森の『神の痛みの神学』は、神は苦しまないというこれまでの論法に対して、神は罪びとを愛し、許すときに痛みを伴うという神理解――父性原理ではなく、母性原理の神――を深めることであり、そうした側面を東アジアの宣教において強調することが重要であると述べた。すなわち、日本人の文化体系は本質的に「母性原理」から成り立っている以上、こうした文化を踏まえた宣教がふさわしいのだとカトリックの司祭たちも述べ、このことは東京大司教に伝わり、その説がバチカン公会議でも主張された。

北森神学がきわめてカトリック的であると言われるゆえんである。聖母マリアへの特別崇拝は仏教における「観音信仰」と同義であろう。北森神学ではプロテスタント・キリスト教に聖母マリアをどのように位置づけているのだろうか。

北森は『神の痛みの神学』の第四章で次のように聖母マリアを位置づけている。

痛みの類比の考察に於いて我々の注意を惹くのは聖母マリアの位置である。彼女は「痛める母」(mater dolorosa) と呼ばれる (「剣なんじの心をも刺し貫く」ルカ伝二・三五)。マリアは純然たる人間であるにもかかわらず、しかもなお彼女が負わねばならなかった母としての痛みは、神の子イエスを媒介とせるものであった。マリアは、その愛する子イエスを苦しみの中へ送りこれを死なしめねばならなかった。しかるにイエスは同時に神の子であった。かくしてイエスを媒介として、神の痛みと人間の痛みとが結合したのである。その子イエスを媒介として、マリアは神の痛みと人間の痛みとを連結する位置に立つのである。マリアは「痛みの類比」の具体的なものとも考えられるであろう。ローマ・カトリック教会とはもちろん異なれる意味においてではあるが、我々は聖母マリアの特殊なる意義を十分考えねばならない。しかし、ここで同時に、神が我々人間の父として示され給うことをも考えあわせねばならぬ。神が我々人間の父であり給う限り、我々人間も苦しみの中に送られるとき、神御自身が父としての痛みを経験し給うであろう。御子イエス・キリストが父なる神の痛みの対象であるだけでなく、我々人間がまた神の痛みの対象である。畏れ多いというほかはない。聖母マリアの場合にイエスを媒介として神の痛みと人間の痛みとが連結された如く、今ここでは、我々人間を媒介として神の痛みとが連結されるのである。これもまた「痛みの類比」の具体化であろう。(8)

このように聖母マリアは「痛みの類比」という意味において、イエスを媒介として神と人間の両方の痛みを連結する役割を持つ存在であると考えるのである。聖母マリアは三位一体の神として礼拝されるものではなく、あくまでも「聖母マリアへの特別崇拝」として賛美される存在である。この点において、ローマ・カトリック・キリスト教と同じ観点から聖母マリアを崇拝する新旧のあり方は同義であると考えられる。

『神の痛みの神学』には当初日本基督教団から指摘される難点があった。それは神が痛み苦しむということは父神受苦説ではないかという疑念であった。神は決して人間的な喜怒哀楽の感情を持つ存在ではなかったからだ。こうした熾烈な攻撃はその頃日本のキリスト教会ではバルト神学が盛んであり、バルト神学以外の神学はすべて亜流であるかのごとき教育がなされていたからであろう。つまり、神の痛みの愛はバルト神学に対して批判的な内容を持っていたからだった。バルトは晩年になってキリストを単なる仲保媒介者ではなく神の子とするキリスト教人間学に転向している。近代キリスト教神学は次第に影響力をなくし、十字架の神学、すなわち苦しむ神、痛む神を語るようになっていた。モルトマンは「十字架においてイエスと彼の父である神との間に生起した事柄を把握するためには、人は三位一体論的に語らなければならない。子なるイエスは十字架の上で死ぬことを受苦し、父はこの死を受苦する。子が父を失うことは父が子を失うことに対応しており、神がイエス・キリストの父であるならば、子の死においてはその父たる子の死をもまた父なる神は受苦するのである」と述べている。

このような「神学を十字架の神学として再構成」しようとする意図の一端は、まるで日本の神学界の国際的地位を暗示するかのようであり、モルトマンは『神の痛みの神学』について語る。「……日本のルター派神学者北森嘉蔵は『神の痛みの神学』の中で、神の痛みが我々の痛みを癒す、と愛好する十字架の神学を展開した。キリストの受苦において神ご自身が受苦するのである。こうした端緒となる諸論定はさらに展開されなければならない」（『十字架につけられた神』一九七二）。マイケルソンが驚くように、モルトマンも同じく神の痛みの神学はすでに一九四六年に東洋の片隅の島国日本において論じられていたことに驚嘆した。ここに世界の北森嘉蔵が誕生するのである。『神の痛みの神学』は一九六五年に英訳され、一九七二年にドイツ語訳、一九七五年にスペイン語とイタリア語に翻訳され、一九八六年に韓国語に翻訳されたが、韓国語は多くの人たちたちに読まれて共感を呼び、一九八九年に再版されている。日本では八番目の出版社である講談社が講談社学術文庫に収録し、一九九五年には一二版を数え、知られざるロングセラーとなった。

戦後の混乱の最中に本書を読んだ作家の加賀乙彦は彼の定まらぬ実存が本書によって満たされ、乾いた喉を潤す一滴の清涼剤となったと述べている。彼の代表作『宣告』には死刑囚が『神の痛みの神学』を読んで癒される様子が鮮烈に描かれている。このようにして北森は若き日に自らの内に培った「神の痛み」を羅針盤にして神学界に乗り出し仏教哲学をも取り込みながら日本文化の細部にわたって自らの神学を盤石なものにした。彼の才能はただ神学や哲学だけではなかった。文学評論に至って彼の筆はさえ渡った。彼が残した最後の文学評論は岩波で出版された芥川龍之介全集の解説であった。

三 『歎異抄』における悪人正因（機）説

北森は浄土真宗親鸞の『歎異抄』を読むたびにまず念頭に浮かぶのは「真の信仰に必ず与えられる祝福は言葉を賜るということである」と言った亀井勝一郎の言葉であるという。このことが歎異抄において特に明確に伝えられると彼は思った。次に想起するのは、歎異抄は内容の基本構造が明確に示されているということである。ここにおいてもっともよく表現されていることは「徹底性」と「どんでん返し」ということである。つまり、人間は徹底的に底の底まで転げ落ち、どんでん返しによって思いもかけない至福の時間が与えられる。それは何か。自己にとって否定的なものがかえって自己の救いの契機になる。すなわち、「地獄一定」が「往生一定」となるという仏教的パラドックスである。このような親鸞の思想をもとにして、悪人正因（機）説を考えてみる。

「徹底」という言説のもっとも適切な具体的な実態は悪人としての自覚、あるいは悪人そのものである。つまり、「罪悪深量・煩悩熾盛」の自覚である。ここで人間はどん底に落ちる。これに反して「善人」としての自覚は不徹底を意味する。「自力」の心も不徹底である。現実こそ、人間としての「ドン底」の自覚である。「善人なおもて往生をとく、いわんや悪人をや」という有名な説法は親鸞の真骨頂を表しており、悪人への自覚に徹底が救いへの徹底へ、どんでん返しを打つというパラドックスを説くのである。他力本願こそ宗教の本質であるから、罪人を救うためにキリストが十字架にかかり血を流し父なる神の痛みを熾烈なものにすることと同義である。阿弥陀仏の本質は悪人正因（機）といわれる場合の「正」という言語は「本質的」という意味に解釈することも許されるであろうと北森は考える。北森の悪人というどん底の自覚としての「徹底」が正因（機）という救いの「徹底」へとどんでん返しを打つという論旨に対して親鸞はいかに答えるのか。彼は問う。「浄土系の仏教で言われる『他力』の主体である阿弥陀仏が、厳密な意味において超越的実在者としての他者であるのか」。

信仰における「他者」の位置づけにはいくつかの問題がある。まずおよそ他者と呼ばれるものも認識の対象となるならば、すでに自己にとっての他者であり、他者そのものではないというべきである。これは哲学では初歩の問いであって、格段宗教信仰の領域で採りあげられるには当たらない。「認識は経験とともに始まるが、経験から生じるものではない」という哲学者カントの主張で答え得れば十分である。超越的他者は私の信仰とともに認識され始めるが、しかしそれは超越的他者が我々の信仰から生じるということではない。われわれにとって他者という概念は、われわれを超えた他者という概念と化して相互矛盾的ではないからである。

北森は哲学的思索で親鸞の他力本願に対してこのように論評をするのであるが、ここでこの種の問題を議論しても結局は何もわからない。他力本願の対象が異なる。そこで北森はある種の幻のごとき思索でこの種の問題を考えたいと言う。全仏教界にこの問題を提示、各宗派の間で共同の語り合いをして、仏教の本質論を追求することはできないのであろうか。なお、加賀乙彦は仏教とキリスト教の共通点は、キリスト教の「山上の垂訓」として知られる祈りの言葉の冒頭よりこの点が語られているという。すなわち、「心の貧しき者は幸いである。天国はその人のものなり」とは心虚しく神を見出すことのできない者たちこそ、天国を必要としているのである。すなわち、天国はそうした心の貧しく虚しい人たちの行くところである。その他例を挙げれば、迷える小羊、放蕩息子のたとえなどが取り上げられる。

超越的他者の実在を肯定することは、他者と自己との二元性を残すことになり、二元性は相対性に通ずるが故に、宗教の本質とは相いれないのではないかという鈴木大拙のキリスト教批判に関して、北森は次のごとく解説する。つまり、鈴木大拙は東洋的絶対者は「無条件の愛でなにもかも抱容する。良いとか悪いとか言わぬ」と主張する。これは東洋的絶対者が「対立的一」であるからであろう。さらに、「無条件の愛で何もかも抱容し、善いとか悪いとか言わぬ絶対者の愛は、痛みなき愛となるのではないか。しかし、善いとか悪いとか言わぬ無条件の愛は、いわゆる『清濁併せのむ』ものとして人間の現状肯定となるのではないか。人間をありのまま肯定抱容するということは最も深い宗教的消息が、人間の現状をそのまま肯定し放任するという自然主義に堕するのは宗教特有の誘惑である。これを原理的に拒むためには、絶対肯定の愛が痛みの性格を持つことを明らかにしなければならない。絶対者の愛が痛みの性格を持つ時初めて、人間の絶対肯定が人間の現状肯定に陥らないで、人間の現状変革へと突き動かすに至るのである。ここに、宗教と倫理との内面的・有機的統一が生じるのである」と北森は主張した。

したがって、北森の親鸞像は北森独自の言葉「徹底性」と「どんでん返し」において明確に統一される。親鸞において宗教の典型は「どんでん返し」の構造である。自己にとって否定的なものが現れることによってかえって真実の解決へと導かれるという道であり、その代表が歎異抄の悪人正因（機）説である。この考えを問う時、「宗教と倫理の相即」という主題に適用することはできないであろうか。その時に、宗教信仰は一応自己を否定することによって見えてくる倫理的道徳が登場することによって、かえって真実の確かさへと導いてくれる、ということにならないであろうか。

極楽往生を説いても喜ばぬ否定的な現実が媒介されることによって、かえって往生は一定という確かさが現成するように、「毒を好まぬ」という倫理的変革が媒介されることによってかえって本願の摂取不捨性が現生する、と言えないであろうか。絶対性の徴は「包むべからざるものを包む」痛みの愛であった。もし、悲願の悲が悲痛に通ずるに至るならば、他力信仰に対立するかに見える自力倫理をその固有性を生かしながら、しかもこれを包むことによって、他力の絶対的確かさが、「どんでん返し」によって実現するのではないか。

何度もくり返すが、北森の仏教的思索は、西田幾多郎や田辺元の哲学と同じように東洋文化のシンボルとして世に問われるべきではないかと思う。ギリシャにはギリシャ正教、ロシアにはロシア正教があるように、日本においても仏教的流れと同等のキリスト教が現実に存在していることを彼は疑わない。それは「神の痛みの神学」として世界を風靡した北森神学そのものである。

第七章　学園紛争の中に「神の痛み」を見る

一　全共闘運動の時代背景

一九六〇年代の一般大衆の社会・政治意識の変化は、未曽有の高度経済成長に影響されて起こったとも考えられる。日本経済は爆発的な高度成長を実現した。この時の高度経済成長を支えたのは重化学工業の拡張、流通部門の拡大比率が欧米のそれに比べて驚異的数字を示した。高度経済成長期になって家族の構成も核家族が一般的になった。「イエつき・カーつき・ババ抜き」という言葉がはやり始めた。一九六六年から約一〇年間の勤労者世帯の総支出は二・六倍でエンゲル係数は下落し、若いカップルは消費と生産が分離される二重生活をするようになった。大衆消費生活がこれまでの日本人の意識を変化させ、一億総中流社会が形成され、人々は家の中では「マイホーム型」、外では「モーレツ社員」として、産業の発展を支えるのが良いという風潮が生まれた。

社会学者はこの状況を「変貌する時間」といい、物質化の上昇過程だけが意識に上ったと分析した。

この意識が現実生活と自己意識の間で自己矛盾を起こしたと考えると、若者たちがこの時流に振り回され社会全体が強迫観念にも似たある種の無意識を内蔵させ、学生たちも、その時流から自由になれず、日大闘争、東大闘争にまで発展したと分析している。

一九六〇年から七〇年にかけて、どこの大学でも学生紛争が相次ぎ、多くの教授陣を悩まし、授業は行われず、ヘルメットをかぶった全共闘の学生たちが学内に蔓延って、授業妨害をする荒れた学園と化した。覆面をした全共闘の学生が大学を占拠し、ついに大学は学園封鎖に追い込まれた。彼らの主張は、一貫して現実の社会状況とは正反対の「産学協同反対」というものであった。大学の研究者は資本主義経済を推進する手助けをするべきではない、という主義主張であった。科学を否定し、産業の発展を阻止するというイデオロギーを強固に主張し、大学の教授は研究室に閉じこもって、書物を読んでいればよいとし、実証科学を否定する彼らのイデオロギーは、中国で権勢を誇っていた毛沢東の思想にかぶれたもので、共産主義同盟（ブント）を敷衍する者たちの全共闘集団を形成した。資本主義社会においてそれは革命であった。しかし、彼ら団塊の世代は人数は多くても、それ自身資本主義に立ち向かって勝てるべくもなかったのである。ついに彼らはセクト間の戦いに発展し、日本赤軍というテロリスト集団と化した。彼らは日本だけではなく世界に散らばって世界でも恐れられるテロリスト集団となった。世界にはテロリストは絶対に許さないという暗黙の了解があったのにもかかわらず、当時の日本の総理は「人命は地球よりも重い」と言って、収監されていたテロリストを世界に放った。その結果、多くの人命が失われたことは歴史的事実である。

そのような社会状況の中にあって東京神学大学もその例外ではなかった。

二　東京神学大学紛争

一九七〇年に日本万博博覧会（大阪万博）が開催され、日本キリスト協議会とカトリック教会はキリスト教館を出展した。すでに日本基督教団が万博に参加することは一九六八年に第一五回日本基督教団総会で決議されていた。時に議長は鈴木正久である。鈴木正久は社会派の牧師で「戦争責任告白」を表明し、沖縄キリスト教団との合同、被爆老人ホームの建設を成し遂げた牧師である。しかも、鈴木正久が議長を務める総会で万博キリスト教館の出展が決議されていたのである。したがって、いまさら万博キリスト教会館建設に異議を唱えることは不可解であった。総会に出席した常議委員たちはキリスト教館を出展することで伝道が強められると主張した。ところが、鈴木正久が議長を務めた一九六六から六九年までの三年間、日本基督教団は内外協力の問題で自主独立の路線を決め日本の伝道は大局的に日本の教会のすることであり、伝道方式の方法が大幅に見直されるべきであると主張するようになった。東京神学大学の神学生はもとより各大学神学部の学生たちが、教団常議委員会に押しかけ徹夜の集会を行い、先に決議したキリスト教館建設の決議を撤回するための臨時総会開催を要求した。教団常任委員長の鈴木正久は多忙のため病院で検診する暇がなく、いよいよ具合が悪くなって病院に担ぎ込まれたときには、すい臓がんが発見されすでに末期状態であった。がんの告知後一か月して鈴木正久は現職のまま一九六九年七月一四日に召された。

こうした経過をたどりながら東京神学大学紛争事件の幕があがったのである。その時の大学学生部長はドイツ語を担当していた井上良雄であった。

「神学校生活の充実向上」を意図する学生会が「文化自治活動」を推進することを目的とする学生自治会に切り替えられた後、三つのスローガンを掲げた。

学生の間では靖国・万博共闘会議が主体となり、学生自治会がこれを全面的に支持するという形で運動は勧められた。三つのスローガンとは左に挙げるものである。

一、靖国神社国営法反対
二、万博キリスト教会館建設中止
　1　北森教授、熊沢助教授は自己批判し、企画委員を即時辞任せよ。
　2　教団は万博協力を即時中止せよ
三、教育の帝国主義的改変反対

右のような三項目を掲げた学生自治会は共闘会議の要請に応じて、全学討論集会を開催することとし、常任委員であった北森教授、熊沢助教授らが出席して討論が行われた。

第一のスローガンは六月六日、左近助教授、大木助教授、井上教授の三人が発題し、自由な討論が行われた。だが、これまでに考えられなかったことは教授の発言の中で気に食わない発言内容に出会うとしばしばヤジが飛ぶ、時には激しい反対の声が上がり、教授同士の議論に割り込もうとする学生がいたが、その時まではそれを制するリーダーの学生が存在した。こうした公開討論会が第二回目に万博問題となって六月二四日に熊沢助教授の主導のもとに行われた。さらに第二回目の討論会を七月に予定していたが靖国法が急に上程されたために、全学ストライキとなり公開討論会はお流れとなった。

夏休みも終わろうとする九月一日から二日にかけて常任委員会が開かれ、日本基督教団に属する過激な青年たちが問題提起者として常議委員の話を怒号で遮り、万博中止を求める追及集会と化した。誰もが驚くような怒号が飛び交い、はたしてそれら青年たちが日本基督教団に属するキリスト者、あるいは神学生であろうかと疑うほどの一方的な追及集会となった。北森教授は常任委員の筆頭として、追及してくる青年たちと対峙していたが、それはもはや青年たちの怒号にまみれヤジに吹き飛ばされた。ついには問題提起者が提出した問題提起書の要求にサインを迫られた時、北森教授はそれを彼らの目の前で破り捨て、その場で殴打された。それでも必死で説明する彼に対して革マル派の暴挙は収まらなかった。それ以後、北森は病の床に臥せることになり、彼らの前に二度と顔を見せることがなかった。

常議委員の一人であった井上良雄は「万博キリスト教館反対の東京牧師グループの諸兄に」と題した抗議文を『教団新報』に投稿した。それは暴力的な青年たちへの批判もさることながら、それ以上にこの場所にいながら青年たちの行動に対して何の制止もしなかった牧師たちへの批判でもあった。

東京神学大学教授会は翌日、暴力に抗議する教授会声明を発表した。それに反対した学生自治会執行部、革マル派（極左セクト）学生たちは反発し、他の諸大学と同様に全学バリケード封鎖という事態を招いた。教授会は学長宅そのほか大学以外の場所で開催されたが、井上良雄は無断欠席して教授会議題の暴力学生に対する対処に関する課題を話し合う場に一度も顔を見せることがなかった。井上良雄の中に変節した思想、革マル派に取り込まれた学生の立場に同調したのかもしれないとする風評があるが、それは不明である。

当時大学院の学生であり、翌年には「教師検定試験」を受けなければならなかった近藤勝彦（東京神学大学名誉教授）はこの事態を次のように語っている。

卒業は通常より一か月遅れて一九七〇年四月末、教団はその年は「教師検定試験」を行えなかったために、私たちは「信徒伝道者」という名のもとに教会に赴任した。「教師検定試験」が行えなかったのは、「問題提起者」の突き上げや粉砕があったためである。教師検定試験委員会は「教団の信仰告白」「教憲教規」「必要な学力」「召命の自覚」「人物考査」を挙げている。しかし教師検定委員会は当時激しい反対にあって、これを遂行できなかった。やがて、「イエスはキリストである」という信仰だけを基準にしてかろうじて試験が行われた。ところが、その後、「さまざまな立場の切り捨てをしない」という主張がなされ、「イエスをキリストと言い表さなくてもよい」「パウロ主義は誤りである」と主張しても構わないという乱暴な見解を唱える人たちが輩出した。その結果、信仰内容や信仰告白をあいまいにしたままで牧師になるという結果を生むことになる。恐るべき叛逆者がキリスト教を牧会する立場に立つ危険をはらんでいたのである。

近藤勝彦はその後四年間ドイツのチュービンゲン大学へ留学した。その間、福音主義教会連合が形成され、教団改革のための神学研究委員会が発足した。北森牧師も重要なメンバーとしてこれに加わった。近藤は帰国した時から、日本のキリスト教の危機的状況を回避するために働くという神の召命に応えるために奮闘した。

当時、滝野川教会の伝道師であった深井智朗（金城学院大学教授）は滝野川教会の牧師で神学大学助教授であった大木英夫牧師に当時の状況についてインタビューをしている。大木は次のように答えている。

私はこの九・一、二の様子をいろいろ聞きまして、認識を新たにしたことは北森先生、この会議で立派な対応をされたということです。先生はルター研究家ですから、その時先生はヴォルムスの帝国会議におけるルターのような対応をなされたと思っています。それは、確認書を破り捨て、暴行を受けても決して屈しなかったわけです。そのような場所で一番の問題は誰に喜ばれるか、人を喜ばすかということです。そのような場所では神より人間に傾いてしまうことがあるのです。これは牧師にとっては誘惑ですよ。その誘惑に屈した連中がかっこいいことをいうわけですよ。つまり、若い学生たちに受けたいという気持ちがあるわけです。(9)

その直後の一一月に入って北森嘉蔵が牧会する千歳船橋教会へ三人の学生が万博キリスト教館出展に関して教会内で討論会をしたいと申し入れてきた。北森牧師は外部のことはできるだけ教会内では話さず黙して多くを語らなかったので、教会員たちは驚愕した。学生たちから、まずこの点を攻撃された。総会次第を教会員に知らせていないのが悪い、面倒見が悪い、牧会がなっていないなど口汚く罵る彼らの感情的激昂には驚かされた。教会員は北森牧師を守るためにそれぞれが強固な信念を抱き、これらイデオロギッシュな青年たちと対峙したが、教会員たちはその時の彼らの行動を決して忘れることはできないだろう。

北森牧師が常に説教していたマルコによる福音書一二章一三〜一七節（マタイ、ルカ平行記事）にイエスの言葉尻をとらえて貶めるためにファリサイ人やヘロデ派の人たちが、皇帝に税金を納める律法は神の道にかなっているかをイエスに向かって尋ねる個所がある。イエスは彼らに皇帝の肖像画が描かれているデナリオン銀貨を持ってこさせてそれを見せて答えた。「皇帝のものは皇帝のもとに、神のものは神に返しなさい」。これは教会の中に政治的イデオロギーを決して持ち込んではならないという北森牧師の教えでもあった。たとえ、北森牧師が教会の外で暴力を受けようとも、それは決して教会内部に持ち込む性質のものではないという確固たる信条を貫いたのである。

一九七一年の東京山手教会における東京教区総会の時には、アナーキストのシンボルと言われた黒塗りのヘルメットをかぶった一団の青年たちが手拭いで顔を隠しながら、竹竿を掲げて、素手の者たちの中に突入し、流血の事件を起こした。その後、箱根と伊豆・天城山荘で、東京教区総会が開催されたが、それは東京神学大学に対する「非難決議」の前哨戦であり、当時の教団は東京神学大学理事会の中に造反牧師を理事として送り込もうとした。造反牧師たちは教団と東京神学大学の関係を破壊しようとし、それは四〇年に及ぶ教団紛争という形で日本基督教団の歴史に汚点を残し、教団東京教区は造反学生と造反牧師に阻まれて教団常議委員会を開催することができなかったのである。

真塩和義（千歳船橋教会役員）は当時を思い出して北森牧師の「絶対的なことは絶対的にかかわり、相対的なことは相対的にかかわる。絶対的な信仰を持つ者が、相対的な政治・社会にかかわる時は、自分の立場は自由で相対的なものであるべきだ」というメッセージを当然のこととして聞いた。
北森は常々キェルケゴールの「絶対的なことは絶対的にかかわり、相対的なことは相対的にかかわる」を物事の判断基準にしており、大学紛争についても、この基準に従って彼の行動が決定していたのである。当時の北森の「牧会手帳」から彼の思考過程を記述する。

……万国博覧会はいろいろの判断が可能な相対的な事象である。したがって、万国キリスト教館が教団総会において承認されても。この案件についてどのような態度をとるかは、教団内の自由に委ねられていた。ところが、教団内のある人々は、万博は絶対の悪であると判断――これは恐らくマルクス主義的発想に基づくものであろう――を一方的に絶対化し、この立場をもって教団を支配しようとした。本来相対的であるはずの一つの立場を、絶対化しようとするとき、そこに生じてくるのは、「力による支配」ということである。暴力問題が重大化してきたのである。ここに起こっている真相を如実に示したのが、一九六九年九月一、二日に常任常議委員会において起こった事件である。「万博博物キリスト教館建設に反対する全共闘・東京教区牧師及び同志社大学神学部学生約百五十名と二十時間にわたる徹夜の公開討論」が行われた。

話は前後するが一九六九年一一月後半になって学生たちは東京神学大学の門前にバリケード封鎖を実行し、入試阻止に及んだ。学生たちのバリケード封鎖から入試阻止へと激化する過程で、ついに大学側はもはやこれまでと察して学内に機動隊を要請し、屯する暴力学生たちの排除を遂行した。その時点で井上良雄は一年間も教授会を無断で欠席し、大学を退職した。

東京神学大学紛争を大雑把に要約して記述してきたが、ここで問題となるのははたして神学生が教授を殴打するという暴挙に出ることができるかということである。委員会や集会などは必ずしも大学構内で行われるわけではなく、さまざまな集会場で行われることが多く、その集会に傍聴を希望する大勢の青年たちの中には神学生ではない全共闘の学生たちが集結していたのではないかと察せられる。

いずれにしても、これらの問題は、日本基督教団が「平和運動」の推進団体として評価される節目に起こった、不幸な出来事であったと言わなければならない。

三　北森嘉蔵とボンヘッファー

一九九五年に発刊された『キリスト教神学事典』に「神の痛みの神学」のことが「十字架の神学」という項目で取り上げられており、その項目の結論に「ドイツのボンヘッファーと日本の北森嘉蔵とが世界の歴史の中で初めて『神の痛み』の重要性を発見した」と記述されている。これは、北森が旧制五高の一年生の時に「神の痛み」という言葉に出会ってから六五年が経過、その後に、世界が東洋の片隅にある島国に登場した早熟の青年が出会った「神の痛み」を「十字架の神学」としてキリスト教界に確固とした位置を与えたということを意味する。神の痛みのメッセージが世界中に語りかけるその一つ一つが、今日の世界情勢にとって癒しの糧となるだろう。世界中に難民があふれ、テロリストが横行する社会の中で「神の痛み」がこれほど重要な意味を持たれることはないだろう。北森とボンヘッファーがそれぞれに体験し感得した事柄は異なっているとしてもそこに「十字架の神学」が共に具現化していることは霊的に同じ意味を持っている。

それならばボンヘッファーとは一体どのような牧師であり神学者であったのか。

D・ボンヘッファーの出自は大変華麗なものであった。八人兄弟姉妹の三番目に双子として生まれた。父は精神病理学者であり、母の父はブレスラウの大学教授であった。総じてボンヘッファー家は学者・政治家・聖職者が多く、恵まれた家柄であった。彼は音楽の才に長けていたので、誰もが彼が一流の音楽家になるものと思っていたが、一三歳の時「神学」を学びたいと言って皆を驚かせた。彼はチュービンゲン大学で神学をラインフォルト・ゼーベルクのもとで学び、弱冠一九歳の時に学位論文に取り組み、「聖徒の交わり――教会社会学のための教義学的研究」と題する博士論文を指導教官であったゼーベルクに提出して高い評価を得た。時にボンヘッファー二一歳である。その後牧師になるための神学試験を受けて合格し、牧師の経験を積むためにさまざまな地方を巡礼して歩いた。その間、大学教授資格試験に合格するためにベルリン大学の無給助手を務めグルーネヴァルトの教会の義務を果たしながら研究に励んだ。だが、彼は未だ按手礼を受ける年齢に達していなかったので、アメリカのニューヨークにあるユニオン神学大学給付生として一年間神学の勉強をするために渡米した。彼はユニオン神学大学で多くのことを学んだが、特に大学内でというよりもニューヨークのハーレムの活動に携わり、情熱的な礼拝のスタイルを知り、黒人センター、教区老人ホームを訪問し、その実情をつぶさに観察した。黒人霊歌のレコードも熱心に聞いた。黒人文学にも精通した。彼はわずか一年足らずで普通のアメリカ人が一生涯をかけて学ぶことを学び終えたのである。彼はアメリカ人の黒人差別の現状をじかに体験した。アメリカ人の人種差別は国家の理想と矛盾していた。

祖国に戻った彼は彼の中に何かの変化が起こっていることを感じた。このことは後のボンヘッファーの思想と行動に長く刻印されていると考えられる。

ボンヘッファーと言えば多くの場合、ヒトラー暗殺計画を立てた牧師として紹介される。彼は三九歳で処刑された若い牧師であり神学者の生涯はその年齢までに自分のなすべきことをすべてなしてしまったような多くの経験に満ち溢れている。ここで詳細を述べるのは適切ではない。

余談であるが筆者がドイツのケルン大学の客員教授として赴任した時には全くボンヘッファーの名前さえ知らなかった。むしろ、ハイデッガーの「死の哲学」に関心があったので、周辺の同僚たちにハイデッガーの名前を告げるとその名前を口にしただけでも非難された。田辺元の紹介した『存在と時間』を読んですぐれた哲学者であると思っていた筆者は周辺の人たちがなぜハイデッガーの名前を忌み嫌うのかを理解しなかった。彼らはハイデッガーよりもボンヘッファーが良いのだという。その時、筆者はボンヘッファーの名前さえ知らなかった。どのような哲学者であるのかと日本の友人に調べてもらったが、哲学を講じる友人はほとんどボンヘッファーなる哲学者のその詳細を知らないという答えが返ってきた。少なくとも筆者の周辺ではボンヘッファーは無名の哲学者であった。後に神学事典にモルトマンが日本の北森嘉蔵とドイツのボンヘッファーを同格に評価していることでようやく理解したのである。ドイツ人たちの救いの神のごとき存在であると知った時、いかにドイツ人がヒトラー率いる暗黒時代を忌み嫌い嫌悪しているかを知った。

今、当時とは異なり、日本でも盛んに神学者、哲学者がボンヘッファーを紹介している。この神学者のテーゼは「車にひかれた犠牲者に包帯をしてやるのではなく、車そのものを停める」というものである。応急措置も重要だがそれを引き起こした原因を探り、徹底的に矯正することが重要なのだ。それは体制の頭を打ち砕くことである。それゆえにボンヘッファーはナチスの中枢に飛び込み、自らの「手を汚した」のである。彼があえてナチスの中枢に飛び込んだのは決して彼がキリスト教から「転向」したのではない。むしろ首尾一貫して哲学者・神学者としてヒトラーに立ち向かう「同時代人」となったのである。それは「十字架を負う」ことである。キリストの生き方と同じく、十字架を背負ったキリストに倣ったのである。ヒトラーと戦うためにボンヘッファーはイエス・キリストに服従した。服従は戦いであった。手を汚すことであった。恵まれた環境にあった彼は国防軍情報部に所属するための伝手を持っていた。彼の義兄が本部付になっていたため、反ヒトラー陰謀の心臓部に入り込んだ。だが終戦まじかにとらえられ、投獄され、終戦一週間前に処刑された。

ボンヘッファーはキリストに目を向けていた。キリストを注目すること、それは十字架に注目することだ。世界を抜きにして神を、また、神を抜きにして世界を見ることはできない。キリストこそ現実なのだと彼は獄中でたくさんの書簡を書き綴った。

「苦しみ給う神のみが、私たちを助けることができるのである」。

このようなボンヘッファーの殉教者魂をモルトマンは次のように述べている。

彼は、教会的抵抗から、ドイツ人の抱く政治的抵抗への道を選んだ。どうしてなのだろうか。教会は、国家が教会に介入してきたときに初めて抵抗をするのは許されない。むしろ、国家権力が無法となり、非人間的になるとき、既に抵抗していなければならない。ユダヤ人が迫害され、共産主義者や民主主義者が殺され、全国民が沈黙させられるとき、教会は抵抗しなければならない。ボンヘッファーは唯教会における信仰の義のために死んだのではない。……信仰の服従の義のために死んだのである。彼は、「世界における神の苦難」に意識して関わった。彼の殉教は、キリスト教的・政治的殉教であった……。

かくして第二次世界大戦の末期に、日本の神学者北森嘉蔵とドイツの神学者ディートリッヒ・ボンヘッファーとは同時に「痛み」または「世界における神の苦難」の重要性を発見した（『キリスト教神学事典』、「十字架の神学」モルトマン解説、一九九五）。

第八章　教会合同論と最後の挨拶

一　エキュメニカル運動の経緯

一九一〇年、エジンバラ世界宣教教会会議を源流として二〇世紀にはエキュメニカル運動が盛んになった。これらの運動は日本では主に日本基督教団が先駆的に進めていたのだが、教団紛争が勃発したため、エキュメニカル運動の影が廃れてきた。それにしても二一世紀になると、キリスト教徒の同性愛を巡る問題、難民問題などがキリスト教全体が一枚岩になることの必要性を明らかにし、カトリック教会とプロテスタント教会との会話が促進されるようになった。一方、使徒継承性を持たないプロテスタント教会はカトリックの聖体を受けることができないなど、運動の深まりの中で、自教派の独立性を再確認する動きも起こっている。確かにカトリック教会のサクラメントとプロテスタント教会のそれとは、相互に一致することは難しいかもしれない。教会の合同を目指して活動してきたエキュメニカル運動は一枚岩の運動ではなく、二一世紀に入りますますさまざまな見解が表明され、その差異が拡大膨張し、顕在化し、場合によってはエキュメニカル運動が部分的には停滞したり、失敗に終わると揶揄される局面もある。エキュメニズムはキリスト教のカトリック化を進めるローマ教皇の至上権を押し付けるものだとする反発が、正教会保守派などにみられる。二〇一〇年に教皇ベネディクト一六世はアングリカン・コミュニオン諸教会の現状に不満を持つ集団を受け入れることを承認し、これがエキュメニズム（教会一致）の究極の目的とした。

エキュメニカル運動の世界的動きは多難である。それ以前に、日本では海外から渡ってきた宣教師の所属によって教派が分かれていた。例えば、青山学院はメソジスト、同志社は組合派、立教は聖公会、上智はカトリック、東洋英和はカナダ・メソジスト、北陸学院は長老派などアメリカで分派した教会の名称がそのまま日本でも通用していた。しかし、数少ないキリスト者の分派がそれぞれの教派の持っている方法による教会の名称を用いること自体に懸念が生じた。そこで教会合同論が起こり始めたのである。多くの教会は日本基督教団に所属する個別教会であると称するようになった。

北森が洗礼を受けた教派はルーテル教会であったから彼がそれに固執するとしたらルーテル教会に所属するはずであった。しかし、彼はルーテル神学校で多くを学んだあとに京都大学で哲学を学んだ。しかも彼は日本ルーテル神学大学ではなく東京神学大学に奉職したのである。彼は自らの信念に望みをかけ、多くの分派教会に分かれている教会を一つのものにしようと努め、多くの仲間たちと苦労して日本基督教団を結成した。信仰告白が同じであることが教団のシンボルとなった。

教団紛争前はそれで充分であった。しかし、教団紛争後教団は分裂し、東京教区は「福音主義教会連合」を「志を同じくして」結成し、福音主義教会連合とはまた別の改革長老教会協議会と話し合いを続けた。そのままでは東京教区が教団と断絶して伝道もままならず、日本からキリスト教が消えていく懸念さえ覚えながら、東京神学大学教職員一同と賛同する各教会の担任牧師たちとで福音主義教会連合を結成した。

一九七七年四月二八日に結成した福音主義教会連合の主張は以下である。

一、説教と聖礼典の確立による福音の回復に努める。
二、合同教会としての日本基督教団の歴史を検討し、新しい合同教会の形成に努める。
三、次代を担う教職者と信徒の育成に着手する。
四、復活の主の御委託に応え、広く出て福音宣教のわざに励む。

混乱した東京教区の教団を立て直すために、別途、福音主義教会連合を組織することによって新たな伝道の道筋をつけようと努めたのである。常任委員は東京神学大学の教職にあるキリスト者が多く、北森嘉蔵もその一人であった。彼の主張は最後の著書になる『教会合同論』に示されている。その序文に書かれている「志を同じくして」には北森神学の真髄があますことなく克明に記されている。

教会手帳の「日本基督教団年表」によれば、一九五〇年に会派問題決定が記録され、一九五四年に信仰告白制定が記録されている。一九五〇年代のこの数年間は、私にとっても最も忘れがたい年月であった。それはまさに「分裂から統一」の時代であった。

このような序文から始まるメッセージは北森神学の真髄が「分裂の統一」を最大目的としていることを窺わせる。北森の声をさらに詳細に聴いてみよう。これは、アッシジのフランチェスコの「平和の祈り」に通じる北森の最後の祈りでもある。

『日本キリスト教歴史大辞典』には「神の痛みの神学」という項目においてこの神学は日本における合同教会形成の理論であると述べられている。すなわち、もし神の痛みの神学に「体系」があるとするならば、それは結局「分裂の統一」を目指すものである。北森はこの神学とともにこの教会形成に参画した。常に日本プロテスタント教会は各派が入り乱れて高々一％に満たないキリスト者を路頭に迷わせるような会派問題による分裂を食い止めるいわば紐帯となる理論が望まれた。それこそ、北森神学の目指すところであった。北森はこの神学をもって教会形成問題に参画した。しかも、「分裂の統一」が単なる理想主義に基づいて解決することはできないのだと自覚させる役目すら負っていた。つまり、神の痛みの神学の課題はそこにも存在していたからである。一九五四年の信仰告白制定でひとまず教団は山を越えたが、「ひと山越えて、またひと山」で教団は一九六九年以来再び「統一から分裂」の時代に入った。教団改革の造反牧師や学園紛争の主役たちであった全共闘の猛者の登場である。この時代を解決に導くために福音主義教会連合を結成したが、この頃の歪な関係は二〇年間も続いた。その間、双方の課題には「分裂から統一へ」というこれまでにない強い使命感があった。福音主義教会連合は「真にして一つなる教会」を目指すことはこの認識に基づいていたが、その点を決定的にしたのが一九九〇年の福音主義教会連合第一二回総会において、「教団内においてその志を同じくする教団改革運動に強い関心を払う」と宣言したことである。「真なる教会」とは信仰告白を規範として守ることであり、「一つなる教会」とは合同教会を形成することである。この二つの「志」が同じならば、他の改革団体に対しても何ら問題はないものとみなし得た。だがそれは楽観的な考えであった。

一九八八年、改革長老教会協議会は『信仰告白を規範とする教会形成』と題する報告書をまとめている。それによれば、「信仰告白を規範とする教会」として教団を形成するという「志」は、そのまま教会連合の「志」であるという結論で終わっている。

二　教会合同論

教会合同への志向は長老派と組合派から始まった。だがこの運動は明治時代にさかのぼる。長老派の植村正久と組合派の小崎弘道の肝胆相照らす仲によって教会合同が成就するかに見えた。だが、この運動は実らなかった。失敗の原因を植村正久は次のように述べている。一致教会（長老系）の人々は重きを教会の総会に置き、いったん可決したことは各教会は実施すべしと主張し、組合教会はそれを否定し、総会の決議は各教会に対してわずかに忠告する程度にすべきである。そうでなければ、悪しき教条主義に堕しかねず、一般の信者の意見が反映せず政治的な形を残す。この主張のズレは今日まで持続し長老派と組合派の不和の原因となっている。この問題は教団成立期まで続き、教団分裂後は組合派と長老派はこの問題に解決を見ないまま今日に至り、それは信仰告白の不成立ということで具体化した。組合派と長老派の立場の違いは信仰告白の受け取り方において先鋭化した。信仰告白の不成立の原因は信仰内容の構築に先立って、信仰告白を受け取るときの態度の対立であった。長老派の態度は全体教会の角度から受け取り、各個教会を拘束するものとして信仰告白を考えていたが、組合派は各個教会の自由と自主性とを強調したことは言うまでもない。この問題は最終的に乗り越えた。すなわち、拘束性は福音的に受け取られるべきで、律法的に受け取られてはならない。福音的な受け取り方は、告白された福音がおのずから告白者を従順にするという意味において拘束性を持つものである。このような解決の仕方、福音に立ち返ることにより誰しもが暗黙の了解に達するのである。

その後、すでに日本基督教団の合同教会であった沖縄キリスト教団との「合同のとらえなおし」という問題が教団紛争の一角を占めた。沖縄キリスト教団を盾にして社会派の牧師や信者が日本基督教団の名称の変更問題を提示したのである。沖縄キリスト教団と日本基督教団とは、一九六九年二月に合同している。合同条件はすべて満たしていた。それではなぜ合同のとらえなおしという問題が浮上するのであろうか。沖縄と本土との歴史的関係が問題とされ、戦争責任問題が取り上げられた。なぜ今頃と不思議に思えるが、造反牧師たちは反体制、反帝国主義を標榜し、沖縄キリスト教団との合同のとらえなおしを格好の材料として戦争責任問題を沖縄キリスト教団に結び付けて問題提起をした。

北森嘉蔵はこの問題が最後まで気になっていた。一九九八年九月、彼は老体にムチ打って沖縄教会へ出かけた。彼が沖縄教会で講演したテーマは合同教会の本質ともいうべき聖餐論争である。彼は一六世紀の宗教改革時代に起こったこの論争の詳細を講演会の主題とした。それは歴史上有名なルターとツヴィングリ（スイス最初の宗教改革者）のマールブルグ会談の模様である。一六世紀に起こった宗教改革にはルターによって指導されたドイツのそれとツヴィングリによって指導されたスイスの二つの流れがあった。当然この二つの流れは統一されて共同戦線を形成すべきはずのものであった。そこで両者の話し合いをマールブルグで行うことが決まった。両者の意見は他の点ではほとんど一致したが、唯一、対立した事柄は「聖餐」に関する考え方であった。かいつまんで言えば、ルター派はパンと葡萄酒との中にキリストの体と血とが実在すると主張した。いわゆる、実在説である。一方、ツヴィングリ側はキリストの体は天上に在って、地上のパンと葡萄酒とは単なる象徴に過ぎない、いわば象徴説である。このような対立はいかに解決されるのか。聖餐論の対立を解決するためには、キリスト論の構造を徹底的に明らかにしなければならない。キリストにおける神の受肉は、連帯化して人間の世界に内在するということである。では連帯化とはいかなる構造を持っているのか。北森は　次のように考える。AがBと連帯化するということは、Bから超越的な他者としてのAがBに内在して人間と一体となることである。超越的他者性と内在的一体性とが連帯化を形成するのである。聖餐論においても、この超越的他者性と内在的一体性とが共に確保されなければならない。ツヴィングリの象徴説は超越的他者性の角度から見たものであり、ルターの実在説は内在的一体性の角度から見たものである。超越的他者性即内在的一体性である。

ここにカルヴァンが登場する。彼はルターとツヴィングリの対立を解決しようとした。それは陪餐者が地上でパンと葡萄酒とに与かるとき、彼は聖霊によって天まで高められ、天にあるキリストの体と血に与かるというというのである。しかしこのようなカルヴァンの解決策は実らなかった。実際にカルヴァンの登場によってもルター派と改革派との対立は解決されなかった。

解決に至らない一六世紀の課題を現在までも引き続き論ずるために多くの会派が作られた。組合派、長老派、メソジスト派、ルター派、監督派（聖公会）などである。

沖縄キリスト教団が日本基督教団と合した時点ではこの問題は解決済みであり、北森の「相即の原理」に基づき聖餐論の対立は解消するのだが、沖縄のキリスト者たちは北森を歓迎し、丁重にもてなしつつ、彼の最後の挨拶に全身全霊で応対した。北森はそこで自分の果たすべき役割を全うしたと感じた。抜け殻のようになった彼はそれでも千歳船橋教会牧師の任務を務めあげた。その翌年、彼は教会の牧師を退任した。八〇歳であった。

三　最後の挨拶

牧師退任が決定した最後の講演会のテーマは「神の痛みの六十年」というものであった。この退任記念講演会の「招きの言葉」は折口信夫（釈超空）による「人間の深く愛する神ありて　もし物言わば我の如けむ」とアイザック・ウオッツ（イギリスの牧師、賛美歌作家）の詩――私を最も魅する全てのむなしきものたちを私は彼の血にむかって犠牲として捧げる――（讃美歌一二四番「さかえの主イエスの」――英語で書かれた最も美しい讃美歌といわれる――）であり、主題聖句はエレミヤ書三一章二〇節（新共同訳聖書）であった。[10]

講演の全容は、ほぼ彼自身の信仰遍歴と北森神学を誕生させた経緯などであったが、彼は招きの言葉として取り上げた折口信夫とアイザック・ウオッツの賛美歌について次のように述べた。

最後の挨拶　記念講演会
千歳船橋教会にて　1996年3月

……さて、今日予告しました二つの歌をこれから取り上げることにします。一つは、釈超空という日本人の歌です。この人の本名は折口信夫（しのぶ）という学者でして、柳田邦夫と並んで新国学の推進者でした。この人がごく晩年に作った歌がこれです。「人間を深く愛する神ありて、もしものいわば我の如けむ」。これはどういうことかと言いますと、折口博士は生涯独身でありまして、お子さんがいなかった、けれども晩年になって寂しいので養子をお迎えになった。この養子は折口先生が教授をしておられた国学院大学の卒業生の一人なのです。そして数年は父子幸せな生活を送られたのですが、太平洋戦争のごく末期に硫黄島の戦争でこの一人息子が戦死されたのです。この報告を受けて折口博士は箱根の山に入り込んで、生涯箱根の山から一歩も出られなかった。籠もりっきりになって生涯を終えられたのです。その生涯の終わりころに作った歌が今紹介している歌です。折口さんは国学の権威ですが、国学というのは日本の神々を研究する学問です。だから日本の神々のことをよく知っている折口博士が、どうしても八百万の神々ではない神がほしい、ということにたどり着かれたのは一人息子さんが硫黄島で戦死されたということがあったのです。その愛する者を喪った折口博士が「我の如けむ」、もしこの世界に神がいてその神が私を愛してくれるのならば、なんとものを言うのだろうか。今の私のように言ってくれたらいいなあという歌なのです。ところが日本の八百万の神々を見渡してもそういう神はいません。しかし聖書の神はそういう神なのです。ここで創世記の二二章を取り上げます。「モリヤの山のアブラハム」の記事です。神様がアブラハムに向かって命令をお与えになった。「あなたの愛する独り子を燔祭としてささげなさい」とお命じになりますと、アブラハムはイサクを連れてモリヤの山に出かけて、そして薪を積んだ上にイサクを寝かせて殺そうとするのです。その時に神様は「よしわかった。待ちなさい」とおっしゃった。そしてイサクの代わりに一匹の羊を屠りアブラハムは助かるのです。しかし、キェルケゴールは非常に鋭い人ですから「神様はアブラハムをお助けになったけれども、刀を抜いてイサクを殺そうとした瞬間に父親アブラハムはもうその息子を殺したも同然になっていた」ということを洞察しました。しかし私は不思議に思うのですけど、このモリヤの山のアブラハムについては新約聖書はパウロでさえも取り上げておりません。しかし、私はこの記事にうんと光を当てなければならないと思います。そしてこれこそ主イエス・キリストの父なる神のみ心だと思うのです。折口信夫は創世記二二章を読んでいたかどうかわかりませんが、鋭い人ですから、洞察の目で聖書を読むと一人息子を死なせたアブラハムが自分の今の思いに一番近いということをうたったわけです。

私は思うのですが、父なる折口博士の嘆きというものを受け止めて光を与える教会が世界の中になければならない。それは日本の教会ではないかと思うのです。実際このモリヤの山のアブラハムにうんと光を当てた教会は世界中にありません。聖書に書いてあるのだけれどほとんど取り上げていない。しかし日本では折口博士の歌に刺激されて「ものいわば我の如けむ」というこの歌を聞き取って、そして「ここにそういう神がいらっしゃいますよ」といわなければならない。これが伝道なのです。伝道ということは独り子を失った父親の痛みを受け止めて、「父なる神があなたと同じ思いになっていらっしゃいますよ」ということが伝道なのです。少し大きな話になりますが世界の教会はそういうことをやったことがない。「神が痛み給う」ということを言った神学はないし、教会もなかったのです。けれども本当に日本に救いを与えてくれるキリスト教ならば、この折口博士の嘆きに対して答えを与えてくれる教会であり、神学でなければならないのです。

それからもう一つアイザック・ウオッツというイギリスの詩人の詩がございます。私はこの詩が非常に好きなのです。私は英語を暗唱したことはないのですが、この詩だけは暗唱しています。

All the vain things that charm me most, I sacrifice them to this blood.
Assac Watts (1647-1748)

私なりにこれを訳しますと、「私を最も魅する全ての虚しいものたちを、私は彼の血に向かって犠牲としてささげる」という日本語の詩になります。ここにサクリファイスという言葉が出てきましたから、これはキリストのことをうたっていることが解ります。ところがサクリファイスするということをアイザック・ウオッツはチャームする者をサクリファイスするのだということをうたったのですが、これは世界の文学に今まで現れなかったのです。今はサクリファイスするということは棄てることが当たり前みたいになっています。ところがサクリファイスするというのはチャームする者をむなしいものとして棄てる。これがサクリファイスなのです。キリストが血を流したもう時、御子キリストは父なる神を魅する者であったということです。その魅する者であった御子をむなしいものとして、犠牲としてお棄てになったから、キリストの血は救いの十字架なのです。

ですから折口博士の「もしものいわば我の如けむ」ということとこれを結びつけますと「魅するものを棄てたもう父のみ心」でしょう。その痛みが日本において芽を出さなければならないということでございまして、これが六十年間説き続けてきた「神の痛みの六十年」のゴールでございます。

一年前に『キリスト教神学事典』という本が翻訳されて教文館から出ました。……。

私は昭和十年ごろの昔のスタートのところから、今日のゴールインのところまで長いこと話してまいりまして、ゴールはどこかという時に、この『キリスト教神学事典』がゴールになるだろうと思います。それは、折口博士が、もし神がいてくれるならば私のように言ってほしい、一人息子を失った父親である私のようにものを言ってほしい、一人息子を失った父親である私のようにものを言ってくれたらいいなと歌ったようなことを教会が受け止めて行かなければならない。ということは、私が高等学校の一年の頃に「神の痛み」という言葉に出会ってずーっとこの言葉を考え続けてきた長い経過が、やっとゴールインする時に、この時点の言葉になるのではないかと。つまり世界の教会がはっきり認識しなかった「神の痛み」をボンヘッファーと北森とが発見してくれた、ということであるならば、この神の痛みのメッセージは世界に向かって何事かを語ることになるのではないかということであります。……

四　「細工は流々、仕上げはごろうじろ」

北森嘉蔵の後を引き継いだ熊沢義宣牧師はその二年後に恩師の葬りの司式をしなければならなくなった。熊沢牧師は北森の最愛の弟子である。その弟子が千歳船橋教会という特殊な歴史を持つ教会の牧師になり、しかも敬愛する北森牧師のオーラに引き込まれて信仰生活を送っていた信徒たちの前で何をなすべきか知るすべもない。熊沢牧師は東京神学大学を定年退職して後、千歳船橋教会の牧師の外に当時新設された聖学院大学人間福祉学科の学科長としての任務を負わされていた。聖学院の理事長・院長を兼ねていた盟友の大木英夫の招聘によるものであった。北森嘉蔵が推挙する神学者には熊沢義宣、大木英夫、京都大学哲学科でキリスト教神学を専攻して筑波大学の教授となった小川圭治である。三人に共通の要素があるとすれば彼らはそれぞれの個性を持ちながら極めて優秀な頭脳の持ち主であったということであろう。北森のような学究肌を持ち合わせていながら、彼らは門の外での働きが旺盛であった。そのようなエネルギーを内蔵した彼らの心眼は、日本文化に根付いた独創的なキリスト教が今日の民族分裂の解決に役立つと考える姿勢を明確にしたことである。つまり、和漢洋才の気質を備えていたことである。彼らはともに外国でそれぞれに神学を学び、日本の神学をとらえなおそうとする意欲がその根底にあった。北森神学の真髄を知りつつも、彼らは北森神学から距離を置きながら独自の神学を構築してゆこうとする意欲に満ちていた。

人類誕生以来、世界は同一民族であるにもかかわらず同族争いを飽きもせず続けている。まさに骨肉の争いである。この問題は永久不滅の解けない難問であるとでもいうのだろうか。民族が誕生する限り民族同士の争いは熾烈なものになる。ただ一つの神を求めるために民族は争う。ならば、痛みを隠して鋭利な刃物やとがった槍を同一の風呂敷に包んでしまう。中では痛み苦しみが生じている。父なる神を探し求める「家なき子」を終生演じなければならないという北森神学のメッセージは過酷に思えるが、民族同士争って殺戮を展開するよりはましであろう。民族闘争は民族がこの地上に存在する限り永遠に持続すると考えれば『神の痛みの神学』をもう一度読み直し、何が真なるものであるかを極めてほしい。十字架の愛に殉じた孤高の神学者の心意気がどこにあるのだろうかと、今一度考えてほしい。

話は横道にそれたが、熊沢牧師の北森嘉蔵・葬りの儀式で最後に述べたメッセージは北森の生前の姿を端的に示したものである。


ちょうど今から四年ほど前の一九九四年の北森牧師が教会の文集に書かれた短いエッセイが残されております。それは北森牧師らしく私たちの意表を突いたような文章でございます。それは「細工は流々、仕上げはごろうじろ」という昔から私たちが聞きなれている言い回しについて書かれた文章でございました。「細工は流々、仕上げはごろうじろ」というのは職人の親方が自分の仕事にはなはだ自信を持ってそのことを言い表そうとした表現だと考えられますけれども、北森牧師はこの言葉は日本における神賛美の言葉として用いられるのではないかと感想を述べられております。

それが北森牧師の新しい着眼点でありました。しかもそのような神賛美は濃密な神賛美であるという表現でおっしゃっておられます。

今日、北森牧師の葬りの式に於きまして私たちは八二年七か月にわたります北森牧師の地上の歩みを一人一人の胸の中に刻み付けながら、「細工は流々、仕上げはごろうじろ」という濃密な神賛美の思いに誘われるのではないでしょうか。……

退任パーティ後、息子義明に車椅子を押されて会場を出る北森（上、1996 年 3 月）
御馳走を前にして挨拶する北森（下）

熊沢牧師はあくまでも北森牧師自身の日本人的神賛美が日本民族の今は死語のようになっている言葉を用いて最後を締めくくった。

その見事な神賛美のメッセージを葬儀に参列した人々の群れは、人知れず何とも言えない感嘆に吐息をつき、一杯の清涼剤を飲んだような爽やかな生きる喜びと安堵の思いに満たされたのであった。

おわりに

人にはそれぞれ固有の晩年がある。道半ばにして倒れ、なすべきことを未完のままにして逝った若い天才たちに晩年は存在しないと人は言うかもしれない。晩年とはその人の静かな余生であるとすれば、年老いたその時がその人の晩年であると考えることもできる。キェルケゴールのように最後の原稿「瞬間」をどこの出版社からも出版を断られて自費で出版するために準備していた時に意識を失って床に倒れ、数日間は歩行も困難な状態のまま、ふらふらと外出し路上に昏倒して無意識のまま病院に搬送されておよそ一か月後に昇天した。四二歳であった。

彼が用意した出版物の「瞬間」という名称は「キリストの受肉の瞬間」であり、神の啓示の瞬間である。異母弟トロエス・ルン少年は弱り果てて病床に伏しているキェルケゴールの顔から放たれる輝きに圧倒され、「戦いが終わった時の殉教者の笑みを浮かべ」ていたと回想する。キェルケゴールはすべての聖餐の儀式を拒否してキェルケゴール家の墓に埋葬された。その墓碑銘には生前彼が選んでおいたデンマークの詩人H・Aブロルソンの詩が準備されていた。

――そは、しばしの時なり　かくてわれは勝利し　かくてすべての戦いは瞬く間に消え失せん。かくて我、薔薇の園にて憩いをえん。またいついつまでもわがイエスと語らん――

キェルケゴールの晩年は劇的な幕切れで終わった。では、北森嘉蔵の晩年とはいつ頃のことをいうのであろうか。彼が逝去した時の追悼文にその晩年について私見を述べた。

筆者はこの追悼文を以って『北森嘉蔵伝』を締めくくりたいと思う。

「晩年」とはいったいその人の人生の内でどのあたりを指すのかは個々人の人生経験によって多種多様であろう。ちなみに、カール・バルトの最晩年は昇天した一九六八年のことで、その夏に倒れたが病を克服して、秋にはラジオ・インターヴューで、「最後の証」をしたと伝えられている。しかしその年の一二月一〇日に召された。八二歳であった。それがバルトの最晩年ということになるのだろう。

北森嘉蔵先生の最晩年とはいつ頃をいうのだろうか。バルトのように病に倒れて昇天するその時であったとしたら一九九六年の九月ということになる。偶然にも北森先生とバルトは同じ八二歳で召されている。しかし、私は北森先生の晩年は千歳船橋教会を退職する二年前頃からではないかと思う。一般的に考えるならば、先生が教会を去り、群馬県の高崎市にある介護付有料老人ホーム「ベルジ箕輪」へ入所した時期であろうというのが妥当であろうか。しかし、私は北森先生の晩年はそれよりさかのぼる三年前、一九九三年一一月二一日の沖縄での講演の時を境にして始まるのではないかと思う。「沖縄と日本基督教団との和解」を前提にした信仰における連帯関係を熱烈に強調した講演会から始まるのではないだろうか。この時の講演会は第一回のマールブルグ大学におけるルターとツヴィングリのいわゆる「マールブルグ会談」が聖餐論に関する見解の相違から分裂した例を取りながら、日本基督教団と沖縄の教会が教会論の相違から相互に反目しているが、それを克服して共に歩み安定した日本基督教団を創造することを熱望したものであった。日本基督教団の成立の過程から始めて、日本に播かれたプロテスタント教会の状況を先生独自の語り口で熱心に講演された。先生の最後の課題は「教会合同論」に尽きる。先生が熱望する合同教会が「神の痛みに基礎づけられし愛」により、包むべからざるものをも包み込む愛の成就を基本にして成し遂げられるのであると強調する。沖縄行きを計画したのはだれかは不明である。満身痩躯の北森先生が生まれ故郷の熊本を通り越して、沖縄の地へ一人で行けるわけはない。この事実は千歳船橋教会は全く関知しなかった。合同教会論の実践のために先生が沖縄行きを単独に強く切望したのかもしれない。それを支援した誰かが存在したのかもしれないが、それが誰であるのかさえわからなかった。沖縄から帰ってきた時から先生の説教はどこか精彩を欠いており、脱力感が漲り、いつものように力強く諧謔に満ちた知的なセンスがどこか遠くにおき去られたような印象を受けたのは私ばかりではあるまい。

先生はその時パーキンソン病の初期状態であった。それゆえ、歩行が不安定であまり外出することを身内の者たちや教会員たちは好まなかった。しかし、そのころになって妙に先生をどこかに担ぎたがる人物が群がり、すでに病を負っていた先生を無理に動かすことが正義であるという信念の持ち主が多勢存在していた。しかし、「世界の北森先生」を戴く教会員はこれらの人物に断固として対峙するすべを持たなかった。教会の外へ出たがる先生を制御できなかった。今となってはいずれが正義かわからない。

門の外での活動を禁じて教会内で牧会することをひたすら望む「毛並みの良い優しい小羊たち」にとって世界の「北森先生」は重すぎた。北森先生は静かに教会内で神学的牧会をするだけでは満足する人ではなかった。そのために、教会内では常に二派に分かれた北森先生擁護論が漲っていた。パーキンソン病を患っていた先生は次第に歩行が困難な状態であったにもかかわらず、先生自身がむしろそれを苦にして内に閉じこもることを良しとせず教会の外へと目を凝らした。隙あればどこかへ出かけようとする態度が漲っていた。顔面蒼白で蝋人形のように表情のない一人の老人が、銀座の人ごみの中をふらふらと歩いている様子を元気な頃を知っていた人たちは声をかけることさえ憚れた。ただ茫然とその後ろ姿を見ているばかりであった。神の痛みは神の怒りの象徴である。十字架のキリストは彼に従うものを痛みの愛によって現実に痛ませる。「神の痛みの神学」を伝道する北森先生がこのまま何事もなく、老後の生活を楽しむなど望むべくもなかった。門の外へと目を凝らす北森先生の真摯な鋭い眼はそれだけで迫力があり、キリスト教伝道者の熱意が漲っていたからである。

だがその時はすでにその姿は消えていた。

それから二年後の先生は千歳船橋教会を退職し、ぼろぼろの肉体を重く引きずって高崎市の老人ホームで病臥する身となった。

私が高崎市の先生の部屋で見たものはただ先生の母アイの遺影だけであった。先生はなにも持たず、ただ自分をこの世に誕生させた母の遺影だけを携えて高崎市の地へ退いたのだ。

しかし、そのような状態であるにもかかわらず、書店で『神の痛みの神学』を購入した見知らぬ人たちが北森先生を訪れるのであった。講談社学術文庫として出版された『神の痛みの神学』は人々が入手するには手ごろであったのだと思う。

たまたま先生のそばにいた人たちが彼らに解説するという状態で、先生は椅子に座ったまま、その光景を胡乱な蒼褪めた顔で聞いていた。彼自身はすでに読者に自分の出版物の内容を解説することが困難であった。後で聞いたところによると、先生はその夜大荒れで看護師を困らせ、それ以降、自由に先生と面会することが禁止された。

それ以前、思うところがあって先生を見舞った私は「いつごろ、田無の家に戻られますか？」と尋ねた。先生は「戻ることはないでしょう」とかすかに答え、「ここで死ぬのでしょうから」と呟いた。私は沈黙した。これ以上の回答を引き出し先生を励ます術もなかった。

神は時としてたぐいまれな人を「自分に似せて」この世に送り出す。神の痛みの愛に歩む苦難の僕を苦痛の極地で召し取られる。

二〇代で肺を患い、片肺を与えられた先生はよみがえり、「神の痛みの神学」を生涯かけて伝道すると誓い、幾多の苦難の道をただそれだけで駆け抜けた。片肺は先生を八二歳まで生かし続けたが、一九九六年九月二九日の夜、夕飯の時誤飲性肺炎を発症し、片肺に米粒が入り、あっという間に窒息して召された。

先生が煙となって初秋の空高く立ち昇ってゆくのを見ながら私は神の思いを感知した。

「愛しいわが子よ。私を喜ばせてくれる最愛の子よ。もうこれで終わりにしよう。私のもとへ戻っておいで。多くの人の心の内にお前の思いを深く残してこの世はまた更なる進化を遂げ、それに至る苦難の道を歩むことによって磨かれるだろう」。

このようにして、波乱に満ちた人生を象徴的に生きた二〇世紀の高名な神学者は歴史の節目とともにキリストのもとへと誘われたのであった。

注

（１）熊本バンドは花岡山バンドともいわれ、横浜バンド、札幌バンドと並んで明治時代のプロテスタント派の三つの潮流のひとつである。年代順から見れば横浜バンドは改革長老派のＪ・Ｃ・ヘボン、Ｊ・Ｈ・バラ、Ｓ・Ｒ・ブラウン等の宣教師によって導かれ、日本発のプロテスタント教会が横浜に設立された。ブラウン門下の島田三郎、植村正久、本田庸一、島田三郎などの秀逸なメンバーが活躍した。これは日本発のプロテスタント教会で日本基督公会といい、この会の集まりを横浜バンドと呼ぶようになった。

札幌バンドは札幌農業学校校長であったＷ・Ｃ・クラークの感化で、「イエスを信じる者の契約」に署名した、札幌農学校の学生集団を札幌バンドという。一八七二年に改革長老派として出発した。活躍した日本人は多く、特に内村鑑三（無教会主義）、新渡戸稲造（クエーカー教徒）、その他、作家で有島武郎がいる。

熊本バンドは、宣教師Ｊ・Ｊ・ジェーンズによって導かれた。花岡山山頂は、熊本バンド結成地として昭和四〇年に奉教の碑が建立され、毎年一月三〇日には、記念早朝祈祷会が開かれている。日本人で活躍した人は海老名弾正、徳富蘇峰、徳富蘆花、金森通倫、小崎弘道、下村孝太郎など、同志社大学神学部との関連が深く、会衆派をそのテーゼとする。

一時、北森嘉蔵は同志社大学神学部への招聘を受けたが、海老名弾正とウマが合わず、丁重に固辞したと言われる。もし、北森が同志社大学へ奉職していれば、日本キリスト教の歴史も少しは変わったであろうと、北森は語ったことがある。

（2）P・T・フォーサイスはイギリスの神学者で、カール・バルト以前のカール・バルトと評価され、高倉徳太郎に絶大な影響を与えたと言われる新正統主義的会衆派の牧師。一九〇一年、ハックニー神学大学の学長になり、ロンドンで死去するまで大学の運営と神学生の教育訓練に奉仕した。多くの著書を出版したが、なかでも『イエス・キリストの人格』と『十字架の決定性』が著名。フォーサイスは神の聖愛を本質とするキリストの贖いを強調し、贖罪論において著名となった。

（3）北森嘉蔵先生昇天一〇周年記念で講演した倉松功牧師（東北学院大学名誉教授）は晩年のバルトの回心ともいうべき論文に接した時の感想を以下のように記している。

〈……ところで、バルトは北森神学を批判し、危機を感じる、危険なものを感じると言いました。それはまさに北森先生が神の痛みあるいは神の苦難、そういうことをおっしゃるときに、神を人間と言いましょうか、そういうことを言っているということで、危険を感じると言ったのです。実はそのバルトが一九五六年に神の人間性という講演をしました。これは、神の神たることというのとはずいぶん違う表題です。この「神の人間性」という文書は日本語に訳されて出ていますので、ご覧になってみれば面白いと思います。その中で、こういうことをバルトは言っています。「このために自分の神学はゆがんで異端的であった」「当時用いた上から垂直にとか、神と人間性との無限の質的相違とか、人間の側は、神を受け入れるのに真空でなくてはならないというような表現は、ことごとく真理を不明確にした」。彼はさらにつけ加えて言います。「神の人間性について不明確であるということは、カルヴァンにも当てはまる。もしカルヴァンが『神』の人間性について明確にしていたなら、ジュネーヴはあんなに陰鬱な街にはならなかったであろう」。つまり、バルトは自分自身の半生、神の人間性、つまりキリストとの関係においてしめ出された神の人間性の無視についての反省を、カルヴァンにまで及ぼしているのです。カルヴァンというのはバルトがその伝統に立つ最も尊重すべき神学者です。バルトは、神の人間性という事柄をどんなに軽んじていたか、ということを自己反省するとともに、どんなに神の人間　性ということが重要であるかということを語っているのです。北森先生は、バルトのこの言葉に対してこんな風に言っています。「私のバルト批判に対して、かつてよく聞かれたのは、それもそうだがこんな面もあるとバルト弁護に当たりました。しかし、このような弁護の態度を取らなかった神学者が一人だけいた。それはカール・バルト自身である。私が批判したのはバルト自身がゆがんで異端的であると断定したような内容だったのである。バルトが『神の人間性』という書物を書いたのは七〇歳の時である。一体七〇歳になって、これまで四〇年にわたる仕事に対して、このような自己批判をすることのできる人はいるでしょうか。私なら決してしません。そこがバルトの偉いところです」とバルトをほめているのです。これは、北森先生の懐の深さというよりも、まさに先生が言われた「十字架によって他者を見る非直接性の神学、十字架を通して他者を受け入れる者」を感じさせます。……北森先生が「日本基督教団信仰告白」の制定に際して主張なさった「信仰義認の恵みの中での聖化」、つまり、北森神学は「義と聖と贖い」となられたキリストを明らかにしている神学です。それが今日私たちの証言する北森神学の継承です。そしてそのような神学によって今日の日本の教会を形成し、社会のあらゆる分野で活躍する人間を育むことが北森神学の継承です。……〉。

(4) フォイエルバッハに関する田辺元の見解。

「……フォイエルバッハの思想はヨハネ第一書にみられる如く、神は愛であるという信仰に基づき、弁証法的な解釈を提出している。これは彼によれば、最早、単に人間学にとどまることなく、人間学を可能ならしめるために、宗教的信仰における神の愛の弁証法そのものである。彼によれば、キリストにおける神の受肉と無限の高みの愛が、自己否定的に自らを制限し有限なる人間の存在として自らに課し、以って人間の存在を自らに課し、以って人間に自ら啓示すると同時にキリストの受難死は人間に対して自己犠牲的愛の典型を示し、その復活において、神の永遠に復帰する転帰は、まさに神が人間の本質に他ならないということを実証している。この愛の弁証法を通して、神は自らを人間に啓示し、その愛の実現であるキリストの受肉、死、復活において、神自ら人間の本質たることを実証している。……戦後わが国の神学界に「神の痛みとしての神学」という概念が提唱されているが、これはすでにエレミヤ記〔旧約〕の中にあるところの、神の痛みという概念を先駆とする思想であって、まさにこの絶対即相対の連携という考えに他ならない。そういうわけで、これは生ける神の愛というものを性格付けるには、はなはだ適当な概念ではないだろうかと思う。基督教の神と雖も、既に愛の神と言われる以上は、絶対なる神が自己否定性を持ち、どこでも総体と通じ合いながら、しかも、同一的に融合するのではなく、否定的に対立してこれを生かし、決して単にそれを直接無媒介に否定、滅却するものではない。……」（田辺元『哲学入門』補説　第三　宗教哲学・倫理学、一九六三『田辺元全集』一一巻、筑摩書房）。

（5）　北森の神学はルターへと継承される十字架の神学の展開である。北森神学のエレミヤに関する神理解は、使徒パウロを経てルター派の福音理解に沿ったものであるが、北森自身の言葉を借りれば、その論理構造は西田哲学の影響を受けているという。

〈昭和一三年の初春の頃から、私はあらためて西田哲学に近づこうとし始めた。その直接のきっかけは、岩波書店が雑誌『思想』出したことであったようである。それは極めて優れた西田哲学入門の役割を果たす書であった。「一般的限定即個物的限定・個物的限定即一般的限定」としての「弁証法的一般書」の論理構造に心酔した。思想の美しさというものに魅せられた。その意味において西田哲学は「強烈なもの」であった。この年から次第に明確になってくる「神学的公理即神学的実態・神学的実態即神学的公理」としての「神の痛みに基礎づけられし愛」という私の考え方は、西田哲学の影響が歴然としている。しかし、そこで、私に影響を与えたのは、論理的構造という純粋に形式的なものであった。その内実に関して「私が福音において既にみてきたものの激烈さが、私をとらえていた。その限りにおいて、私は西田哲学という「強烈なもの」の内実的影響力からは守られることが出来たのである〉（『神学的自伝』Ⅱ)。

(6) 学生時代に北森牧師より受洗した雨貝行麿牧師(東北学院大学名誉教授)は一九三五年、北森牧師が一九歳であった時に読んで感動したという『キルケゴール選集』を贈られた。その本の一か所に傍線が引かれていることに目に留まった。「神の招き、それは最もさびしい道において、唯一人歩き、以前には誰もその道を知らないようなところで悩みをいただいて逃げ惑ったところ、目標もないところへ、神の招きは到達する」という個所である。教会の内外で活躍される四五歳の先生のほほえみの背後に、若き日の孤独な日々があったことを思い知らされた。

(7) 旧伊達藩内に生じたお家騒動の一つで、伽藍先代萩「寺子屋」は日本歌舞伎の一大悲劇。子供と親が引き裂かれた状況を主題としている。主人の身代わりになって死んだ「寺子屋」の小太郎は、父親(松王)の気持ちを思いやり、自らのアイデンティティを守るために、父親と共に戦う決心をして若君の身代わりとなって毒味役をかって出て死ぬ。この幕切れは多くの観客を泣かせる原動力になった。子役が活躍する歌舞伎の中でも「伽藍先代萩」は親子が引き裂かれてゆく悲劇が多くの観客を感動させる原動力となっている。

(8) カトリックではニューマン枢機卿のマリア論に聖母マリアに対する所見が多くみられる。「彼の生涯生活を通してみられるマリア論は神学的には信仰と信心の区別から始まり、聖書と教父たちに基づいて『第二のエバ』『マリアの無原罪の聖性』『聖母の比類ない威厳』『テオトコス(神の母)』『最高のとりなしの御方』が中心になっている」(川中なほ子『J・H・ニューマン研究』二〇一五)。

なお、ニューマンが対象とする教父研究は東方教会のアレキサンドリア学派のクレメンス、オリゲネス、アタナシオスたちを教父とするキリスト論である。ここに、アタナシオス派に対峙するアリウス派の熾烈な論争によって、現在の三位一体の神を信仰の対象とするキリスト教が成立した。北森は常々もしアリウスが論争に勝っていれば、もはや今日のようなキリスト教は消滅したとさえ言っている。プロテスタント教派では聖母マリアのことはほとんど論争の渦中には入ってはいないが「痛める母」という類比においてマリアは未来永劫、人間の胸の内に残存するであろうと北森は主張している。

（9）一五二一年、ドイツ帝国カール五世は帝国の治安に関わる事件としてヴォルムスに国会を召集し、ルターを喚問した。死の覚悟を持って出頭したルターは真理の主張を撤回しないと表明し、神の言に従っている私の良心に逆らって、行動することはできないと表明し、すでに知られている次の言葉で答弁した。「ここに私は立つ。私はかくせざるを得ない。神よ、我を助けたまえ」。その結果、ルター派ザクセン選帝侯の好意でヴァルトブルグの孤城にかくまわれた。そこで彼は僅か三か月足らずで、新約聖書のドイツ語訳を完成した。

（10）一九五八年、北森嘉蔵は、世界キリスト者連盟総会に出席するために、ドイツのミュンヘン近郊のトッツィングで、西欧のキリスト教にじかに触れる機会があった。その時、原語の賛美歌に驚くべき事実を見出した。賛美歌一四二番の第二節後半の歌詞である。アイザック・ワッツの作詞であるその讃美歌には、私を最も『魅する（charm）』という言葉があり、その言葉が北森の心をとらえたのである。キリストに奉仕しようとするものはすべて、この世で「私を魅する者を虚しきものとして、彼の血に犠牲としてささげる」のでなければならない。北森嘉蔵が最後の挨拶に掲げたこの賛美歌の歌詞こそ、彼が終生守り抜いた掟ともいうべき意図が潜んでいる。

参考文献

北森嘉蔵の著作以外の文献

1 Aulen, G. *Christus Victor*, 1931.（G・アウレン『勝利者キリスト――贖罪思想の主要な三類型の歴史的研究』佐藤敏夫、内海革共訳、教文館、一九八二）
2 赤木善光『井上良雄と東神大紛争』「東神大パンフレット」40、二〇一三
3 浅見洋『西田幾多郎とキリスト教の対話』朝文社、二〇〇〇
4 雨宮栄一『評伝　井上良雄――キリストの証人』新教出版社、二〇一二
5 アンセルムス『クール・デス・ホモ――神は何故に人間となりたまいしか』長沢信寿訳、岩波文庫、一九四八
6 今井晋『ルター　人類の知的遺産26』講談社、一九八二
7 今道友信『東西の哲学』TBSブリタニカ、一九八一
8 鵜沼裕子『近代キリスト者の信仰と倫理』聖学院大学出版会、二〇〇〇
9 大木英夫『形成と教団問題』インタビュー「大木英夫先生に聞く」、「九・一～二――その過去・現在・将来」『形成』別冊2、一九九一
10 大宮溥『フォーサイス　人と思想シリーズ』日本基督教団出版部、一九六五
11 Otto R, *Das Heilige*, 1917.（R・オットー『聖なるもの』久松英二訳、岩波文庫、一九六八）
12 加賀乙彦『キリスト教への道』みくに書房、一九八八
13 加賀乙彦『科学と宗教と死』集英社新書、二〇一二

14 川中なほ子『J・H・ニューマン研究』教友社、二〇一五
15 川中なほ子他編『時の流れを超えて』教友社、二〇〇六
16 北森嘉蔵牧師退任記念文集『主とともに』日本基督教団千歳船橋教会、一九九六
17 熊田健二「仏教とキリスト教における信の問題」『フィロソフィア・イワテ』1～8、岩手哲学会、一九八四
18 近藤勝彦『教団紛争とその克服――わたしの見方』日本伝道出版KK、一九九八
19 近藤勝彦『わたしたちの信仰――日本キリスト教団信仰告白解説』鳥居坂教会文庫7、一九九二
20 倉松功「北森神学理解の試み」『神学』45、一九八三
21 倉松功『宗教改革・教育・キリスト教学校』聖文舎、一九八四
22 佐藤繁彦『ルッターの根本概念』創元社、一九四九
23 曽我量深「往生と成仏」『中道』10、一九六七
24 田辺元『現代日本思想体系』23（編集・解説　辻村公一）筑摩書房、一九六五
25 千歳船橋教会『千歳船橋教会　五十年史』（Ⅰ・Ⅱ）二〇〇一
26 辻村公一編『現代日本思想大系23』田辺元、筑摩書房、一九六五
27 『東京神学大学出版委員会東神第紛争記録』東京神学大学、一九七四
28 長倉禮子『日本におけるニューマンの受容――その史的考察』荒竹出版、一九八七
29 日本ルター学会編『ルター――歴史と現代の中で』（「ルター誕生五〇〇年記念論文集」執筆者＝印具徹・金子晴勇・今井晋・岸千年・倉松功・北森嘉蔵・徳善義和）聖文舎、一九八三
30 ニューマン『J・H・ニューマン枢機卿の黙想と祈り』長倉禮子訳、知泉書館、二〇一三
31 朴憲郁『北森嘉蔵　日本の説教Ⅱ』12、日本キリスト教団出版局、二〇〇六
32 東隆真「道元における覚証の問題」『世界』520、理想社、一九七六

33 古屋安雄・土肥昭夫・佐藤敏夫・八木誠一・小田垣雅也『日本神学史』ヨルダン社、一九九二
34 M.Hengel, *Der Sohn Dottes Verlag* J.C.B.Mohr, 1975.（『神の子――キリスト成立の過程』小河陽訳、山本書店、一九八八）
35 Maichalson, C., *Japanese contributions to Christian theology*. 1960. The Westminster Press, Philadelphia.
36 宮本威『もっと度の強いキリスト教』いのちのことば社、一九九一
37 村上伸『ボンヘッファー』清水書院、一九九一
38 百瀬文晃『イエス・キリストを学ぶ』中央出版社、一九八六
39 Peter F.Momose, *Kreuzes-theologie Eine Auseinandersetzung mito Jeurgen Moltmann*, Herder Freiburg. Basel.：Wien 1978
40 J.Moltmann, *Der Weg Jesu Christi Christologie* in messianischen Dimensionen Chr. Kaiser Verlag：Munchen 1989）1989（モルトマン組織神学叢書３『イエス・キリストの道――メシア的次元におけるキリスト論』蓮見和男訳、新教出版社）

北森嘉蔵主要著書（年代順）

1 『十字架の神学――教義学のために』新生堂、一九四〇
2 『神学と信条』長崎書店、一九四三
3 『神の痛みの神学』新教出版社、一九四六
4 『福音の性格』西村書店、一九四八
5 『神と人間』創元社、一九四九
6 『求済の論理――キリスト教入門』創元社、一九五〇

7 『今日の神学――近代より現代へ』弘文堂、一九五〇
8 『マルティン・ルター　近代より現代へ』弘文堂、一九五一
9 『神』創元社、一九五三
10 『聖書入門』河出書房、一九五四
11 『日本基督教団信仰告白解説』日本基督教団出版局、一九五五
12 『パウロ書簡講話』河出書房、一九五五
13 『幸福』河出書房、一九五五
14 『聖書とところどころ』教文館、一九五五
15 『愛と憎しみについて――福音的実存』教文館、一九五五
16 『現代人とキリスト教』弘文堂、一九五九
17 『神学入門』新教出版社、一九五九
18 『宗教改革の神学』新教出版社、一九六〇
19 『神学的自伝Ⅰ』教文館、一九六〇
20 『対話の神学』教文館、一九六二
21 『私の人生論』教文館、一九六三
22 『聖書講解Ⅰ（エペソ書・ピリピ書）』昌美出版社、一九六四
23 『聖書購解Ⅱ（出エジプト記）』昌美出版社、一九六四
24 『聖書百話』筑摩書房、一九六四
25 『人間と宗教』東海大学出版社、一九六五
26 『愛における自由の問題』東海大学出版社、一九六六
27 『コリント人への第一の手紙』日本基督教団出版局、一九六六

28『日本のキリスト教』国際日本研究所、一九六六
29『神学的自伝Ⅱ』教文館、一九六八
30『愛憎無限（ダビデの手紙）』教文館、一九六八
31『キリスト教入門』筑摩書房、一九六九
32『現代と神の痛み』弘文堂書店、一九七〇
33『聖書の読み方』講談社、一九七一
34『日本の心とキリスト教』読売新聞社、一九七三
35『旧約聖書物語――歴史に働き給う神』読売新聞社、一九七三
36『信仰の急所』金沢協会長老会、一九七九
37『自乗された神』日本之薔薇社、一九八一
38『文学と神』日本之薔薇社、一九八三
39『哲学と神』日本之薔薇社、一九八五
40『憂いなき神』講談社、一九九一
41『合同教会論』キリスト新聞社、一九九三
42『日本人と聖書』教文館、一九九五
43『説教・講演集』千歳船橋教会、一九九六
44『ガラテヤ人への手紙講解説説教』教文館、一九九九
45『絶妙の真理』教文館、二〇〇〇
46『詩編講話』（上・下）教文館、二〇〇四
47『創世記講話』教文館、二〇〇五
48『聖書と西洋精神史』教文館、二〇〇六

49『ヨブ記講話』教文館、二〇〇六
50『ローマ書講話』教文館、二〇〇六
51『エレミヤ書講話』教文館、二〇〇六

『神の痛みの神学』の出版暦

一九四六　新教出版社
一九六五　John Knox Press（英語版）
一九七二　講談社
一九七五　Vandenhoeck & Ruprecht（ドイツ語版）
一九七五　Editiones Sigueme（スペイン語版）
一九七五　Editrice Queriniana（イタリア語版）
一九八六　講談社学術文庫　第一二版（一九九五）
一九八七　韓国語版　第二版（一九八九）
二〇〇九　教文館（日本ルーテル神学専門学校卒業論文を含む）

北森嘉蔵　年譜

一九一六年（大正五年）　〇歳。二月一日、熊本県熊本市にて誕生。

一九二〇年（大正九年）　四歳。賀川豊彦『死線を超えて』刊行。

一九二二年（大正一一年）　六歳。四月一日、熊本市内の小学校入学。

一九二三年（大正一二年）　七歳。五月二日、日本基督教連盟成立。九月一日、関東大震災。

一九二四年（大正一三年）　八歳。内村鑑三『ロマ書の研究』刊行。

一九二五年（大正一四年）　九歳。日本ルーテル神学校創立。植村正久没。

一九二七年（昭和二年）　一一歳。山室軍平、日本救世軍司令官となる。高倉徳太郎『福音的基督教』刊行。

一九二八年（昭和三年）　一二歳。四月一日、熊本県立熊本中学校入学。

一九三〇年（昭和五年）　一四歳。内村鑑三、藤井武没。

一九三一年（昭和六年）　一五歳。四月一日、旧制第五高等学校文科入学。

夏休みの終わりごろ、熊本で一番大きいデパートだった「千徳」の前にあった小さな古本屋の店頭で、金一〇銭の黒い紙表紙の袖珍版の新約聖書を買って読む。

九月六日、満州事変勃発し一九三二年（昭和七年）二月一六日終結。

反宗教運動たかまる。弁証法神学の学問研究始まる。

五・一五事件。満州国建国宣言。

一九三三年（昭和八年）

一七歳。三月一〇日、旧制第五高等学校雑誌部の『竜南』第二二五号に「宗教雑感」、第二二六号「意志その他に就いての断片」と題して掲載。

二月二四日、日本国際連盟を脱退。

一九三四年（昭和九年）

一八歳。四月三〇日、旧制第五校基督教青年会花陵会「会報」第二三号「悪の存在についての断片」掲載、六月末、花陵会の図書館で佐藤繁彦の『ルッターの根本思想』を見つけて読む。八月一九日、熊本市水道町にある「ルーテル教会」の石松量蔵牧師より受洗。

二月二二日、文部大臣、神社参拝を要求。高倉徳太郎、自死。石原謙『基督教史』刊行。

一九三五年（昭和一〇年）

一九歳。四月一日、日本ルーテル神学校入学。日本にマルチン・ルターを紹介した佐藤繁彦教授に私淑するために入学を決意したが、入学式のその日に佐藤教授は胃癌のために逝去。

一九三六年（昭和一一年）　二〇歳。六月「神の痛みと隠された神」というタイトルで日本ルーテル教会発行の機関誌『るうてる』に掲載。
二・二六事件勃発。日本、ロンドン軍縮会議脱退。ホーリネス教会分裂。

一九三七年（昭和一二年）　二一歳。「神の痛みに基礎づけられし愛」を定式化。
日華事変勃発。日本聖書協会設立。海老名弾正没。

一九三八年（昭和一三年）　二二歳。三月二四日、卒業論文『キリストに於ける神の認識』を提出。ここにおいて既に「神の痛みの神学」の土台が構築されている。
四月一日、京都帝国大学文学部哲学科入学。田辺元に指導を受ける。京都大学宗教学例会において「神学的公理と現実態」と題して発表する。その中に「神の痛みに基礎づけられし愛」について触れる。
小崎弘道没。

一九三九年（昭和一四年）　二三歳。肺結核を発病、療養生活。病気が根治すれば、「神」を伝道するために一生涯働くと誓う。日本基督教連盟に一二の団体が加入。機関紙『るうてる』一月号より「十字架の主」を連載。

一九四〇年（昭和一五年）　二四歳。七月一七日、処女作『十字架の主』新星堂より上梓、本書は一九三九年一月より一〇回にわたって日本ルーテル教会発行の月刊誌『るうてる』に掲載されたものに付録として「ルッター主義と日本」を加筆して上梓。

山室軍平没。

一九四一年（昭和一六年）　二五歳。京都帝国大学部文学部卒業。京都大学文学部副手に就任。日本基督教団成立。
一二月八日、第二次世界大戦勃発。

一九四二年（昭和一七年）　二六歳。日本東部神学校で教鞭をとる。『神学と信条』を長崎書店より上梓。
日本基督教団総会において愛国機、献納決議。ホーリネス教会の教職者、一斉検挙。

一九四三年（昭和一八年）　二七歳。日本東部神学校が日本キリスト教神学専門学校と改名（現東京神学大学）が創立され助教授となる。
救世軍解散命令、聖公会、カトリック教会迫害される。

一九四五年（昭和二〇年）　二九歳。六月七日、西田幾多郎、尿毒症で没。
八月、広島に原爆投下。天皇の玉音放送。太平洋戦争終戦。

一九四六年（昭和二一年）　三〇歳。一一月一五日、『神の痛みの神学』新教出版社より上梓。なお、本書は一九六五年 John Knox Press より英訳、本書のプロパガンダは「日本プロテスタント神学が世界的な評価をされた独創的な神学書」、一九七二年にドイツ Vandenhoeck & Ruprecht、一九七五年にスペイン語 Editiones Sigueme、イタリア語、Editrice Queriniana 一九八六年に韓国語版、一九八九年に韓国語版は再版されている。なお、一九七二年に『神の痛みの神学』は講談社学術文庫版に収録され、一九九五年には第一二版を数え、知られざるロングセラーになった。特に韓国において本書が重版されたことは、本書におけるパッションが東洋人キリスト者の心魂に多くの共感をもたらしたことによるものと推察される。

日本国憲法公布。信教の自由が憲法によって保障される。

一九四八年（昭和二三年）　三二歳。『福音の性格』西村書店より上梓。

一九四九年（昭和二四年）　三三歳。東京神学大学教授。『神と人間』創元社より上梓。

一九五〇年（昭和二五年）　三四歳。『救済の論理——キリスト教入門』創元社、『今日の神学』弘文堂より上梓。赤岩牧師「共産党入党宣言」。四月、代々木上原教会分裂。脱退した二四名の教会員は五月二八日のペンテコステに富士見町教会牧師島村亀鶴師の司式のもと恵泉学院において日本基督教団西原教会を創立。主任担任牧師となる。赤岩牧師から絶交を宣言される。礼拝は世田谷区経堂愛珠幼稚園で守られる。

朝鮮戦争勃発。

一九五一年（昭和二六年）　三五歳。『マルティン・ルター』弘文堂より上梓。

一九五二年（昭和二七年）　三六歳。一月一三日、新しい教会堂の定礎式。二月一七日、皇太子殿下（現在の平成天皇）に「プロテスタント基督教の本質」を御進講された。三月二三日、日本基督教団千歳船橋教会が完成。『神』創元社より、上梓。

一九五四年（昭和二九年）　三八歳。『聖書入門』河出書房より上梓。

一九五五年（昭和三〇年）　三九歳。『日本基督教団信仰告白解説』日本基督教団出版局、『パウロ書簡講話』河出書房、『幸福』ＮＣＣ文書事業部より上梓。

一九五八年（昭和三三年）　四二歳。『聖書とところどころ』教文館、『愛と憎しみについて――福音的実存』教文館より上梓。『神の痛みの神学』（新版第一刷）が新教出版社から出版される。

一九五九年（昭和三四年）　四三歳。『現代人とキリスト教』（アテネ新書100）弘文堂、『神学入門』新教出版社より上梓。

一九六〇年（昭和三五年）　四四歳。『宗教改革の神学』（学位論文）新教出版社、『神学的自伝Ⅰ』教文館、イギリスの神学者C. Michalson, The teology of the pain of God] in Japanese Contribution to Christian Theology, Westminste press. において既に「神の痛みの神学」が紹介されている。

一九六二年（昭和三七年）　四六歳。四月二九日、脳軟化症で田辺元没。
五月四日、京都大学より文学博士の学位を授与される。『対話の神学』教文館。

一九六三年（昭和三八年）　四七歳。『私の人生論』教文館より上梓。

一九六四年（昭和三九年）　四八歳。『聖書講解――エペソ書・ピリピ書』昌美出版社、『聖書講解――出エジプト記』昌美出版社、『聖書百話』築摩書房。

一九六五年（昭和四〇年）　四九歳。『人間と宗教』東海大学出版局。

一九六六年（昭和四一年）　五〇歳。『愛における自由の問題』東海大学出版会、『コリント人への第一の手紙』日本基教団出版局、『日本のキリスト教』国際日本研究所。

一九六八年（昭和四三年）　五二歳。『神学的自伝Ⅱ』教文館、『愛憎無限――ダビデの生涯』（現代基督教双書）教文館より上梓。

一九六九年（昭和四四年）　五三歳。九月一日、東京神学大学大学紛争勃発。『キリスト教入門――現代人へのメッセージ』築摩書房より上梓。

一九七〇年（昭和四五年）　五四歳。三月、東京神学大学に機動隊導入。『現代と神の痛み』弘文堂書店より上梓。養子縁組成立（一六歳の青年義明が嘉蔵の息子となる）。

一九七一年（昭和四六年）　五五歳。五月、日本基督教団東京教区総会は万国博覧会反対闘派賛成派との対立

により乱闘騒動、その後東京教区総会は一九年間、開催されることがなかった。
『聖書の読み方』講談社より上梓。

一九七三年（昭和四八年）　五七歳。『日本の心とキリスト教』読売新聞社、『旧約聖書物語――歴史に働き給う神』読売新聞社。

一九七五年（昭和五〇年）　五九歳。『福音の急所』金沢教会長老会。

一九七六年（昭和五一年）　六〇歳。一一月一九日、母アイ死去。

一九八一年（昭和五七年）　六五歳。『自棄された神』日本之薔薇出版社。

一九八二年（昭和五八年）　六六歳。三月、東京神学大学教授を定年退職。同大学名誉教授、名誉神学博士となる。

一九八三年（昭和五七年）　六八歳。『文学と神学』日本之薔薇出版社。

一九八五年（昭和六〇年）　六九歳。『哲学と神』日本之薔薇社。

一九八六年（昭和六〇年）　七〇歳。『神の痛みの神学』講談社学術文庫。

一九九一年（平成三年）　七五歳。『憂いなき神』講談社。

一九九二年（平成四年）　七六歳。日本キリスト教文化協会よりキリスト教功労者の表彰を受ける。

一九九三年（平成五年）　七七歳。『合同教会論』キリスト新聞社。

一九九四年（平成六年）　七八歳。五月、大腿骨骨折にて入院。

一九九五年（平成七年）　七九歳。『日本人と聖書』教文館。

一九九六年（平成八年）　八〇歳。千歳船橋教会引退、名誉牧師。三月、『北森嘉蔵牧師説教・講演集　北森嘉蔵牧師退任記念文集――主とともに』千歳船橋教会刊。
高崎市の介護付き高齢者ホーム「ベルジ箕輪」に入居、療養生活始まる。

一九九八年（平成九年）　八二歳。「ベルジ箕輪」にて九月二九日、召天。富士山の見える静岡県の富士霊園、北森家の墓に埋葬される。墓碑銘はヨハネ伝八章五二節「而して、真理は汝らに自由を得さすべし」（文語訳）。

一九九九年（平成一〇年）　三月　『「神の痛み」の六十年』（北森嘉蔵牧師記念誌）千歳船橋教会刊。

二〇〇〇年（平成一一年）　『絶妙の真理』（日本基督教団千歳船橋教会五〇周年記事業の一環として、北森嘉蔵の説教の中から選んで上梓された）教文館。
以後、二〇〇四―二〇一〇年、『詩編講話』（上・下巻）、『創世記講話』『エレミヤ書講話』、『ローマ書講話』など全一〇巻、教文館より上梓。

二〇〇六年（平成一八年）
『北森嘉蔵――日本の説教Ⅱ 12』（解説・朴憲郁）日本キリスト教団出版局。

二〇〇九年（平成二一年）
一月、『神の痛みの神学』（ルーテル神学専門学校卒業論文収録）教文館、二月北森嘉蔵牧師昇天一〇周年記念誌『主の十字架によりて』千歳船橋教会刊。

著者あとがき

筆者は一九五五年一二月クリスマスに旧青山学院教会で勝部武雄牧師より受洗した。青山学院高等部二年生、一七歳の時である。実存的悩みに苦しみ自己嫌悪に苦しみ、すべてが灰色の世界に転化し、何もかもが嫌になり生きていることさえ忌まわしくなった。このように、自己嫌悪から始まり、世界への憎悪が渦巻き押し寄せる最中、教会で開催された東京神学大学の北森嘉蔵教授の講演会を聴講した。その時に突如目が開かれキリスト者になろうと決心した。家の宗教は曹洞宗禅宗であったから私のキリスト者への転向は秘密裏に行われた。いわば隠れキリシタンである。家人はなぜ毎週日曜日になると娘が教会へ行くのかを不思議がったが、ミッション・スクールとはかくあるのだと納得させ、家族は誰も私がキリスト者になったことを知らなかった。今にして思えば、北森先生が佐藤繁彦先生の『ルッターの根本概念』を読んですぐさま受洗したのとどこかしら似通っている。

だが、学園紛争が起こり青山学院教会は経堂緑ヶ丘教会として経堂教会と合併し、それに同調しなかった私はその後の二〇年間はキリスト教とは無縁の生活を強いられ、霊性の飢餓状態に襲われた。ある時、北森先生は千歳船橋教会で牧会されていると聞いた時、すぐさま千歳船橋教会に転会した。

一九八二年のことである。北森先生は大学を退任して牧会に専念していた。私が若き日に会った時とは異なる見知らぬ好々爺のような牧師がいた。同一人物とは思えなかった。私が知っている北森先生は三八歳の若い大学の教授であったからだった。しかし、ふとした拍子に見せる眼光の鋭さは、脱落しそうになった私を救った鷲の眼であった。それ以降、私は先生が天に召されるまでの一四年間にわたって本格的に先生から神学を学んだ。

私は当時聖学院大学政治経済学部の「心理学」の教授であったが、『神の痛みの神学』（講談社文庫版）は大学の教材にさえなった。政治経済学を専攻する学生たちにこのような神学書を読ませる無謀さは今から考えれば驚くべきことであるが、振り返ってみると、その時の学生たちは無意識に痛む神の心をとらえ、苦難に満ちた社会の中で己の痛む心を昇華させながらたくましく生きて行っただろうと確信している。

追記

本書を上梓するに際して千歳船橋教会の兄弟姉妹に多くの励ましをいただいた。すでにキリストのもとにある兄弟姉妹の内なる励ましが筆者を支えた。東京神学大学教授を兼務する千歳船橋教会の朴憲郁牧師、近藤勝彦東京神学大学名誉教授（前東京神学大学学長）には本書に対する多くのアドバイスをいただいた。朴牧師には北森先生の思い出を備えて頂いた。

さらに年譜を丁寧に修正していただいた国分寺教会長老の松木やす子姉、友人時枝マリア氏には心より感謝する。

北森神学が日本人の象徴となり、多くの悩める人々の霊性の渇きをいやす縁となることを祈りながら本書の運命が祝福されたものになることを切望する。

二〇一六年二月一日

北森嘉蔵生誕百年を記念して

聖学院大学名誉教授　丸山久美子

特別寄稿

神学生時代の思い出

朴 憲郁

かつて北森牧師のもとで信仰の導きを受け、神学的思索の影響をも受けた信徒の丸山久美子姉妹が感謝の一念から、今年で生誕百年を迎えた故人の生涯と神学を振り返り、その遺産を多くの方々と共有したいとの願いを込めて、このたび一書に綴った。信徒の神学の所産として、まことに意義あることである。今、千歳船橋教会の牧会一四年半を経た私にとって、北森嘉蔵牧師は本教会の創立以来四六年間牧会された初代牧師であるが、同時に東京神学大学在学時代の恩師でもあり、現在の私の神学教師の立場からすれば大先輩にも当たる。

神学者および牧師としての北森嘉蔵についてはすでに多くの人が語ってきたので、私からは神学生時代の恩師について、印象に残る若干の思い出を述べるに留めたい。従って、この際は「先生」と呼ばせていただく。

今年は『神の痛みの神学』出版(一九四六年)から七〇年目を迎えている。一九九六年は〈神の痛みの神学の五〇年〉であったが、当時の北森先生自身は〈神の痛みの六〇年〉と呼んだ。なぜならば、日本ルーテル神学校に在学中の二〇歳の時にすでに〈神の痛み〉の意識が芽生え、二二歳の卒業論文「キリストに於ける神の認識」でその概念の基本構想をしっかり提示したからである。彼の早熟は特異ですでに定評があり、また当時の若者の精神状況は今日のそれとは大きく異なるとはいえ、私が神学校に入って北森先生から授業で組織神学を学んだ頃の二〇歳は、ようやく神学なる学問が何であるかをわかり始めた時期であったゆえに、この落差を知って改めて驚く。

私の二〇代の神学校生活で思い起こす第一のことは、学校礼拝の説教で、その前後の話や聖書箇所はまったく覚えていないが、北森先生が「神学は諸学の中で最も深淵な学問である」と語ったことである。他の講演をした際にも、同様なことを語っていたが、その時の神学的思索への誇りに満ちた雰囲気が、学生たちによく伝わってきた。

第二に、大学院の「組織神学特講」の授業には現役の牧師数名も聴講に来ていたが、発言の機会を得た沢正彦牧師が、「どうして日本でのキリスト教伝道は困難なのでしょうか。それを妨げている理由は何でしょうか」と尋ねたところ、北森先生は次のように指摘された。「日本において、キリスト教は芸術・学問・文学の分野でかなり広く知られているが、ことごとく教養化してしまい、決断することを避ける傾向をもっています。だから、日本人は二つのものを嫌うのです。一つは共産主義、もう一つはキリスト教です。なぜなら、両者とも相手に決断を迫るからです」と。この明快な返答は、いつまでも記憶に残っている。

第三に、東神大紛争のことを思い出す。隣の国際基督教大学（ＩＣＵ）に続いて、全共闘運動に巻き込まれて起こった東神大紛争によって、学部一年から大学院二年まで、一部のノンポリ学生を除いて、学生の立場が真っ二つに分かれてしまった。機動隊によるバリケード封鎖解除の後、残った七〇数名の学生たちと授業が再開され、正常化に向かったが、全共闘生の拠点であった寮の生活はかなり荒れすさんでいた。私は身をもってそれを体験し、目撃してきた者の一人である。後日、私は寮の代議員長を務めたが、その頃に、寮生をいたわり、学生とのより親密な関係を築きたいとの一念から、ある日北森先生が私や寮長たちの所に来て、「一週間に一度、寮のお風呂に入って語り合いたいが、いいかい？」と提案された。それに驚いた私たちは恐縮な思いで、丁寧にお断りした。「お気持ちはとても感謝なのですが、そこまで気を配ってくださらなくても、私たちは大丈夫です」と。当時どの神学教師も学問的な厳しさと威厳をもっていて、神学生たちと親しく交わることは少なかったように思うが、紛争後には、痛ましい状況に置かれた学生たちを思いやる雰囲気があった。北森先生の直弟子の佐藤敏夫先生は奥様と相談の上、週一回の美味しい昼食を手作りで全学生に提供して、集会室で和やかに語り合った。そのことも、合わせて思い起こす。

最後に、秋の全学修養会を八王子の大学セミナーハウスで開催するために向かう時であったと記憶しているが、神学教師と参加神学生たちが貸切バスに乗った時、私の隣にたまたま北森先生が座られた。二人でなにげなく話が進むうちに、ご自身から口を開いて、「自分の定年退職が刻一刻と近づいているが（実際にはまだ一〇年先であったのだが）、現職の神学教師を退職することは、神学活動の死を意味するようなものだよ」とおっしゃった。思いを込めたその強い言葉を、私は忘れないでずっと覚えている。将来牧師になる神学徒への神学教育をどれほど大切にし、それに打ち込むことに使命を抱いていたか、それゆえに神学校を去ることへの淋しさを予感しておられた。そのお気持ちを察することができた瞬間である。あとわずかでその時期を迎える私は、あの時の言葉を今身に染みてわかってきた。

しかし北森先生は定年退職後に、千歳船橋教会でさらに一〇年以上説教と牧会において、淋しさどころか信徒に囲まれながら、「神の痛みの神学」を生かし生きることができた。晩年になおもそのように尊く用いられる幸いを、神から与えられたと信じている。

（東京神学大学教授、千歳船橋牧師）

索引

す

せ

そ

た

ち

つ

と

な

に

や

よ

ら

り

る

ろ

わ

著者　丸山 久美子

東京都出身。青山学院大学大学院心理学修士課程、統計数理研究所統計技員養成所専攻科修了。東京大学大学院教育心理学研究科特別研究生。国際交流基金特別長期派遣留学生として、米国イリノイ大学に留学。青山学院大学文学部助手・講師、盛岡大学助教授、教授、聖学院大学教授、ドイツ・ケルン大学客員教授（1995-96)、北陸学院大学教授などを歴任。現在、聖学院大学名誉教授。林知己夫賞受賞（行動計量学会、2009)。
著書に『心理統計学』（アートアンドブレーン)、『臨床社会心理学特講』（ブレーン)、『林知己夫の生涯』（新曜社）など多数。

北森嘉蔵伝　その生涯と思想

発行日………2016年9月29日 初版

著　者………丸山久美子
発行者………阿部川直樹
発行所………有限会社 教友社
275-0017 千葉県習志野市藤崎6－15－14
TEL047（403）4818　FAX047（403）4819
URL http://www.kyoyusha.com
印刷所………株式会社モリモト印刷

ISBN978-4-907991-26-5　C3016